Dr. Klaus Bandtlow
Medizin an Bord

Dr. Klaus Bandtlow

Medizin an Bord

Ärztlicher Ratgeber für den Notfall
unter Mitarbeit von
Priv.-Doz. Dr. O. Bandtlow (†)
und Dr. K. Bandtlow

Klasing & Co GmbH

secundis ventis naviges,
artibus ingenius studeas,
opus maneat.

In Dankbarkeit meinem Lehrmeister Klaus Bandtlow

Die Deutsche Bibliothek — CIP-Einheitsaufnahme

Bandtlow, Klaus:
Medizin an Bord: ärztlicher Ratgeber für den Notfall/Klaus Bandtlow.
Unter Mitarb. von O. Bandtlow. — 7., überarb. Aufl./ von Jürgen Willmar. —
Bielefeld: Klasing, 1994
    (Yacht-Bücherei; Bd. 27)
    ISBN 3—87412—098—8
NE: Willmar, Jürgen [Bearb.]; GT

7., überarbeitete Auflage von Dr. Jürgen Willmar
ISBN 3-87412-098-8

© Copyright by Klasing & Co. GmbH, Bielefeld
Umschlaggestaltung: Ekkehard Schonart
Druck: Kunst- und Werbedruck, Bad Oeynhausen
Printed in Germany 1994

Inhaltsverzeichnis

Vorwort

Die 7. Auflage dieses Buches wurde 1994 neu überarbeitet und gestaltet. Neueste Änderungen in der Notfallmedizin wurden aufgenommen. Vor allem die Erstversorgung von Knochenbrüchen und Verrenkungen wurden dem neuesten Stand der modernen Medizin angeglichen.

Der Inhalt der Bordapotheke wurde gegenüber der 6. Auflage von 1990 nur minimal verändert. Für die Erstversorgung von Knochenbrüchen wurden für Transatlantiksegler thermoplastische Kunststoffschienen in die Bordapotheke mit aufgenommen. Es ist dazu jedoch zu sagen, daß der Anschaffungspreis dieser Kunststoffschienen bei begrenzter Lagerbarkeit sehr hoch ist, so daß man sich vor Antritt des Törns über die Notwendigkeit der Investition klar werden sollte. Auf küstennahen Törns, wo in der Regel ärztliche Versorgung innerhalb von 36 Stunden möglich sein sollte, lohnt sich die Anschaffung wahrscheinlich nicht. Die Bordapotheke bleibt somit mit geringen Änderungen weiterhin den „Internationalen und nationalen Richtlinien für die Ausrüstung und Sicherheit seegehender Yachten" der Kreuzer-Abteilung des DSV angepaßt.

Herrn Dr. J. Dillinger danke ich für die Bearbeitung des Abschnittes „Augenerkrankungen" sowie Herrn Dr. E. Unterhuber für die Bearbeitung des Abschnittes „Zahnerkrankungen". Ferner danke ich Frau Med. Dir. Dr. F. Achatz für die Aktualisierung der notwendigen Impfungen.

Der Stichwortcharakter des Buches blieb erhalten, da es nicht als Lehrbuch gedacht ist, sondern als kurzes Nachschlagewerk für den Notfall.

Dr. Jürgen Willmar

Einleitung

Bei Erkrankung oder Unfall an Land kann der Kranke schnell ärztlicher Versorgung zugeführt werden. Die Aufgabe des Laien ist dabei, akute Lebensgefahr oder zusätzliche Schädigungen, die bei einem Unfall durch Schmerz oder Verschmutzung beispielsweise von Wunden drohen, zu mindern oder abzuwenden. Diese Hilfe aber reicht auf See nicht aus. Wetter, Gezeiten, Entfernung machen es bei Küsten- und Seetörns häufig unmöglich, innerhalb kürzester Zeit, oft nicht einmal innerhalb eines Tages, einen geeigneten Hafen anzulaufen und damit die ärztliche Versorgung zu erreichen. Es muß daher auf die „Erste Hilfe" des Laien an Land eine „Zweite Hilfe" des Laien auf See folgen. Notgedrungen muß der Rahmen weiter gesteckt sein als der eines Erste-Hilfe-Kurses, um in Notlagen auf See helfen oder aufkommende Lebensgefahr abwenden zu können.

Man muß sich jedoch darüber im klaren sein, daß dieses laienhafte medizinische Handeln viele Gefahrenmomente in sich birgt. Die Grenzen zwischen dem zu fordernden Handeln **müssen** und dem nicht mehr Handeln **dürfen** wird letztlich nur schwer zu ziehen und von der Lage abhängig sein, in der sich Crew und Schiff befinden.

Grundsätzlich darf der Laie den Arzt nur vertreten, solange es die Notlage unbedingt erfordert.

Die Zweite Hilfe des Laien auf See kann nicht vorausgesetzt werden, da zur Erlangung der Führerscheine für Binnen-, Küsten- und Hochseefahrt lediglich die Teilnahme an einem Erste-Hilfe-Kursus vorgeschrieben ist. Die gewonnenen Kenntnisse sind jedoch bald vergessen, da sie nicht praktiziert werden, oder aber sie sind zu gering. Die auf See einsetzende Zweite Hilfe kann diesem Leitfaden entnommen werden – das Wesentliche der Ersten Hilfe wird kurz wiederholt.

Spezielle Maßnahmen, beispielsweise das Geben von intramuskulären Spritzen, das Entfernen von oberflächlichen Fremdkörpern aus der Bindehaut des Auges usw. müssen vorher von einem Arzt gezeigt werden. In Fällen jedoch, wo es darum geht, das Verbluten eines Menschen zu verhindern, soll, muß und kann auch bei Unkenntnis der Ersten Hilfe entsprechend den Hinweisen dieses Ratgebers gehandelt werden.

Jeder ist gesetzlich und moralisch zur Hilfeleistung verpflichtet. Der Schiffsführer, verantwortlich für Schiff und Besatzung, muß dem Rechnung tragen. Je nach Länge des Törns wird er vor Antritt der Reise dafür sorgen, daß sich eine Mindestausrüstung an Medikamenten an Bord befindet, die Apotheke überprüft und jeweils wieder ergänzt wird. Auch wird er sich selbst genügend Kenntnisse aneignen müssen oder eine geeignete Person dazu anhalten, um Erste und Zweite Hilfe an Bord leisten zu können.

Im Hinblick auf Rechtsfolgen müssen die Notlage, die zur Hilfeleistung zwingt, sowie die Art der Hilfe im Logbuch vermerkt werden.

Es sollte schriftlich festgehalten werden, welche Medikamente zu welchem Zeitpunkt (Datum, Uhrzeit) gegeben wurden. Diese Notiz ist bei Übergabe des Erkrankten in medizinische Betreuung dem behandelnden Arzt zu übergeben.

Jegliche Haftung des Autors und des Verlages für eventuelle Fehldiagnosen und daraus folgende Fehlbehandlungen wird ausgeschlossen.

Anleitung zum Gebrauch dieses Leitfadens

1. Versuch der ärztlichen Versorgung

Wenn ein Arzt nur irgendwie erreichbar ist, muß die Versorgung durch ihn erfolgen.
Dieser Leitfaden kann und darf einen Arzt nie ersetzen.

2. Ärztliche Versorgung im Notfall auf See

Die ärztliche Versorgung kann wie folgt erreicht werden:
- Funkärztliche Beratung: Radiomedical-Funkarzt-Gespräch als Dringlichkeitsverkehr: PAN-PAN. Die Erstaussendung von Anruf und Meldung erfolgt auf UKW-Kanal 16/Grenzwelle 2182 kHz. Läuft dort Notverkehr, so ist ein Kurzanruf auf Kanal 16/2182 kHz in Sprechpausen abzusetzen, danach Meldung auf Arbeitskanal/-frequenz.
- Telefonische Beratung: Die telefonische Beratung kann kostenlos (Medico-Gespräch) angefordert werden über das Stadtkrankenhaus Cuxhaven, zur Zeit Telefon: 0 47 21/1 81 nach vorausgegangener Wahl der jeweiligen Vorwahl Deutschlands vom Ausland aus. Im Zeitalter zunehmender Ausstattung von Yachten mit Funktelefonen ist so am schnellsten ein deutschsprachiger Arzt zu erreichen.
  Der Arzt wird gezielt nach Symptomen, nach dem Unfallhergang usw. fragen. Deshalb den Kranken vor Aufnahme des funkärztlichen Kontaktes nach dem Untersuchungs- und Unfallunterscheidungsschema (siehe Seite 51) untersuchen. Ferner sollte die Crew vor Absetzen des Notrufes die eigene Position auf See festgehalten haben und die Reisedauer zum nächst erreichbaren Hafen grob abgeschätzt haben, um eventuell erforderliche Hilfs- oder Bergungsmaßnahmen so rasch wie möglich anlaufen zu lassen.

Nach dem Abfrageschema für Medico-Gespräche (siehe Seite 49) können dann die entsprechenden Antworten auf die gezielten Fragen des Arztes gegeben werden.

– Übergabe des Erkrankten an einen Rettungskreuzer, ein größeres Fahrzeug oder einen Rettungshubschrauber usw.
– Anlaufen eines geeigneten Hafens.

3. Versorgung durch Bordmittel

Bei Auftreten eines Unfalles oder plötzlicher Erkrankung ohne die Möglichkeit, den Erkrankten durch einen Arzt behandeln zu lassen, gilt als oberster Grundsatz:
Nichts ist so eilig, als daß nicht kurzes Überlegen möglich wäre.

Das Kapitel „Lebensrettende Sofortmaßnahmen" beginnt auf Seite 22. Die Sofortmaßnahmen sollte jedes Crewmitglied kennen und anwenden können. Da ein schwerer Unfall oder eine Lebensbedrohung die Helfer erfahrungsgemäß in Verwirrung und Ratlosigkeit stürzt, empfiehlt es sich, daß ein Crewmitglied die dargestellten lebensrettenden Sofortmaßnahmen **langsam, laut und deutlich vorliest** und anhand der Abbildungen das Vorgehen des Helfers kontrolliert.

Im „Krankheits- und Behandlungsverzeichnis" (siehe Seite 74) sind die Hauptsymptome (z. B. Wunde, Bewußtlosigkeit, Knochenbruch usw.) alphabetisch geordnet, außerdem werden Behandlungsvorschläge gemacht. Ferner ist die Dringlichkeit aufgezeigt, mit der eine ärztliche Versorgung angestrebt werden sollte. Die Zeitangaben können indessen nur Richtwerte nach allgemeiner Erfahrung sein; sie dürfen auf keinen Fall dazu verleiten, im Ernstfall die endgültige Versorgung hinauszuzögern.

4. Vorbeugung

Im Kapitel „Vorbeugende Maßnahmen zur Vermeidung von Krankheiten" geht es darum, wie man durch langfristige Planung vor dem Törn und durch spezielle schiffshygienische Maßnahmen Krankheiten vorbeugen kann.

Vorbeugende Maßnahmen zur Vermeidung von Krankheiten

1. Spezielle, auf das einzelne Crewmitglied bezogene Maßnahmen

1.1. Ärztliche und zahnärztliche Untersuchung und Behandlung

Durch Anstrengung, Klima-, Wetter- und Nahrungswechsel können im Körper versteckte Krankheiten plötzlich zum Ausbruch kommen. Daher ist eine rechtzeitige ärztliche Untersuchung zu empfehlen (nicht erst ein oder zwei Tage vor dem Törn!). Dies gilt im besonderen Maße für Zahnerkrankungen, da man bei Auftreten von Zahnschmerzen auf See meist sehr geringe Möglichkeiten hat, entscheidend eingreifen zu können. Eine vorbeugende Behandlung setzt das Risiko bedeutend herab. Dies gilt auch dann, wenn man nur kürzere Reisen geplant hat, besonders, wenn man befürchtet, nicht ganz gesund zu sein.

Da in zunehmendem Maße auch Kinder, ja Kleinstkinder am Familienurlaub teilnehmen, empfiehlt es sich dringend, vor Antritt der Fahrt einen Kinderarzt zu konsultieren. Man sollte sich gezielt über die altersabhängige Dosierung der im Medikamentenverzeichnis (Seite 140) aufgeführten Arzneien für seine Kinder informieren lassen, eventuell sogar schriftlich.

1.2. Schutzimpfung

Die Schutzimpfung stellt die bestmögliche Vorbeugung gegen das Auftreten von Infektionskrankheiten dar. Je nach Reiseplan ist eine Vorbeugung gegen mehrere Infektionskrankheiten empfehlenswert oder sogar notwendig. Mehrere Wochen vor Auslaufen sollte man sich beim Gesundheitsamt oder bei einem Tropeninstitut nach dem erforderlichen Impfschutz für die zu besuchenden Länder erkundigen. Danach ist ein oft über Wochen gehender Impfplan aufzustellen.

1.2.1. Tetanus (Wundstarrkrampf)

Unabhängig vom Reiseziel kann man auf die Tetanusschutzimpfung nicht verzichten.
Bei allen, auch kleinsten Verletzungen, vor allem bei größeren Brandwunden, ist die Möglichkeit einer Wundstarrkrampf-Infektion groß. Diese mit Lähmungen einhergehende Erkrankung ist heimtückisch und schwer behandelbar. Sie führt auch heute noch in zahlreichen Fällen zum Tode. Deshalb sollte jedes Crewmitglied vor Antritt des Törns gegen Wundstarrkrampf geimpft sein, da bei Eintreten eines Unfalls auf See Impfung oder Wiederauffrischung für den Laienhelfer problematisch ist.
Hat auf See eine Verletzung stattgefunden, so ist bei der endgültigen Versorgung an Land unbedingt der Impfschutz auf Tetanus zu überprüfen und gegebenenfalls eine Wiederauffrischung vorzunehmen.

1.2.2. Infektiöse Gelbsucht (Hepatitis A)

Die infektiöse Gelbsucht tritt in den letzten Jahren zunehmend bei Reisen in Länder mit unzureichendem Hygienestandard auf (auch Mittelmeergebiet!).
Die Übertragung erfolgt durch verseuchtes Wasser, vor allem aber durch Muscheln, Schalentiere und andere Nahrungsmittel.
Einen Schutz für ca. 4–6 Wochen bietet eine prophylaktische Immunglobulingabe durch den Hausarzt vor Antritt der Reise.

1.2.3. Infektiöse Gelbsucht (Hepatitis B)

Durch Geschlechtsverkehr, Drogenkontakte und Kontakte mit Blut oder Speichel, z. B. beim Arzt- oder Zahnarztbesuch in Drittländern oder Blutübertragungen in Drittländern, ist Ansteckung mit dem Hepatitis-B-Virus möglich. Eine zwar teure, aber sehr wirksame dreimalige Impfung schützt vor Erkrankung.

1.2.4. Kinderlähmung

Während die Kinderlähmung in Europa rückläufig ist, tritt sie in subtropischen Ländern unvermindert häufig auf. Die orale Schluckimpfung ist die beste Prophylaxe.

1.2.5. Malaria

Bei Reisen in Malariagebiete ist eine Malariaprophylaxe unbedingt erforderlich (Präparate Resochin oder Lariam je nach Reisegebiet). Durch folgende Maßnahmen kann das Risiko einer Malariainfektion zusätzlich vermindert werden:
− Moskitonetz
− Tragen von Kleidung, die möglichst den ganzen Körper bedeckt, besonders am Abend
− Unbekleidete Körperteile mit Insektenschutzmittel behandeln (z. B. Autan)

1.2.6. Typhus

In allen südlichen Ländern, insbesondere bei schlechter Abwasserentsorgung, tritt endemisch Typhus auf. Eine Schluckimpfung an drei Tagen bietet relativ guten Schutz gegen Erkrankung.

1.2.7. Aids

Durch ungeschützten Geschlechtsverkehr, intravenöse Spritzen dubioser Herkunft und Bluttransfusionen in Entwicklungsländern kann man sich mit dem Aids-Virus infizieren. Eine Impfung ist nicht möglich.
Seltener vorkommende Infektionskrankheiten wie Gelbfieber sind bei Reisen in zahlreiche außereuropäische Länder noch häufig und erfordern eine prophylaktische Impfung.

1.3. Beispiel eines Impfplanes

− Kurzreisen:

1. Tag	3. Tag	5. Tag	8. Tag
Auffrischung gegen Tetanus L-Typhoral I	L-Typhoral II	L-Typhoral III	Auffrischung gegen Kinderlähmung und Hepatitis-A-Prophylaxe

– Langreisen:

1. Tag	3. Tag	5. Tag	8. Tag
Auffrischung gegen Tetanus	L-Typhoral II	L-Typhoral II	Auffrischung gegen Kinderlähmung Hepatitis B II Tetanus II
L-Typhoral I			
Gelbfieber- impfung			
Hepatitis B I			

2. Allgemeine Maßnahmen an Bord (Schiffshygiene)

2.1. Trinkwasser

Spezielle Probleme werfen das Bunkern und die Keimfreimachung der Trinkwassertanks sowie die Keimfreihaltung des Trinkwassers auf.

2.1.1. Jährliche Arbeiten

Zur Trinkwasseraufbewahrung werden Tanks aus Aluminium und Edelstahl (problemlos), aus Kostengründen in den meisten Schiffen aber Tanks oder Wassersäcke aus GFK, Weich-PVC oder Gummi verwendet. Letztere enthalten gelöste organische Stoffe, die nicht geschmacksneutral sind und für Bakterien und Algen einen guten Nährboden abgeben. Daher ist beim Kauf eines Schiffes auf genügend große Revisionsöffnungen in den Wassertanks zu deren Säuberung zu achten.
Jährlich am Ende der Saison sollten die Wasserbehälter entleert werden. Während des Jahres haben sich meistens bräunliche Sedimente von Eisen oder Algen usw. gebildet, die das Wasser trüben oder geschmacklich verändern. Im Frühjahr werden die Trinkwassertanks mit langstieligen Bürsten

über die Revisionsöffnungen gereinigt. Wassersäcke werden über den Winter ausgebaut und zu Hause durch heißes Wasser etc. vor der Wiederindienstnahme peinlichst gesäubert.

Bei der Indienststellung der Yacht müssen vor Einfüllen des Wassers die Trinkwasserbehälter keimfrei gemacht werden (Desinfektion).

Dazu verwendet man Katadyn, Certosil oder Mikropur nach Gebrauchsanweisung. Bei der Desinfektion werden alle Keime und Viren, die sich während der vorangegangenen Saison gebildet und im Winterlager vermehrt haben, abgetötet.

2.1.2. Keimfreihaltung während der Saison

Sauberes und klares Wasser ist heute nur noch selten zu bekommen. Deswegen muß das Trinkwasser meistens mit viel Aufwand aufbereitet werden. Indes:

Die wenigen mit dem gebunkerten Wasser in den Tank gelangten Keime können sich schon nach kurzer Zeit explosionsartig vermehren. Das Wasser wird trübe und bekommt durch die Stoffwechselprodukte der Kleinstlebewesen einen fauligen Geruch und Geschmack. Um diesem Übel vorzubeugen, muß während der Saison die Anreicherung von Keimen und Kleinstlebewesen (z. B. Algen) im Wassertank so gering wie möglich gehalten werden.

Das geschieht mit den obengenannten Mitteln Katadyn, Certosil oder Mikropur (Yachtfachhandel), die keine Veränderung des Mineralgehalts im Wasser und keine Korrosion verursachen. Sie sind gesundheitsunschädlich, verändern weder den Geschmack noch den Geruch des Trinkwassers und sind unbegrenzt lagerfähig. Zur Keimfreihaltung wird nur $\frac{1}{10}$ der Dosis zum Wasser zugegeben, die zur Keimfreimachung (Desinfektion) am Anfang der Saison benötigt wird (siehe Gebrauchsanweisung). Bei jedem neuen Bunkern von Wasser sollte die der aufgenommenen Wassermenge entsprechende Menge Keimfreihaltungsmittel erneut zugegeben werden.

Ist man gezwungen, verschmutztes, trübes Wasser (Mittelmeerländer!) zu übernehmen, so können zu dessen Aufbereitung Filtergeräte von Nutzen sein, wie sie im Camping-Fachhandel angeboten werden. Das sind kleine, von Hand zu bedienende Apparate, die ca. 0,5 ml bis 0,75 ml Wasser pro Minute keimfrei und gereinigt liefern. Filteranlagen verbessern den Geschmack jedoch nicht wesentlich, auch filtern sie weder Salze noch sonstige gelöste Stoffe aus dem Wasser. Man kann damit also keineswegs Salzwasser oder geschmacklich ungenießbares Wasser für den menschlichen Genuß aufbereiten.

Für Weltumsegler gibt es kleine Seewasser-Entsalzungsgeräte mit einer Leistung von ca. 100 ml trinkbarem Wasser pro Minute. Man kann damit in Notfällen (Rettungsinsel!) mit geringem Aufwand zu unverdorbenem Süßwasser kommen.

Letztlich ist Abkochen über 10 Minuten das einzige und zuverlässigste Mittel, um schlechtes und verdächtiges Wasser genießbar zu machen. Der Geschmack wird dadurch freilich nicht verändert. Ein vorhandener geringer Salzgehalt wird bei längerem Kochen zunehmen.

2.2. Ernährung

Vor Reiseantritt ist ein sorgfältiger Proviantplan zu erstellen, der sich mehr nach dem Geschmack der Crew, weniger nach theoretischen Joulezahlen pro Mahlzeit, nach Vitaminen usw. zu richten hat.

Zur Vermeidung von Darminfektionen sind in südlichen Ländern folgende Punkte besonders zu beachten:

– Vor jeder Mahlzeit die Hände waschen
– Anfangs eisgekühlte Getränke vermeiden
– Zum Zähneputzen kein Leitungswasser verwenden
– Würfeleis nur aus Mineralwasser, nicht aus Leitungswasser herstellen
– Kein Speiseeis, da bekannter Bakterienträger
– Nur geschältes Obst und gekochtes Gemüse
– Keine Mayonnaise, kein kaltes Buffet
– Keine Gerichte aus rohem Fleisch oder rohem Fisch
– Nur abgekochte Milch
– Keine Ziegenmilchprodukte (Gefahr des Maltafiebers!)
– Keine rohen Schalentiere (Krebse, Krabben, Austern, Muscheln), da mögliche Träger von Hepatitis-, Typhus- und Paratyphuskeimen

2.3. Aufbewahrung von Speisen

Besondere Überlegungen sind beim Einkauf von Lebensmitteln und deren Aufbewahrung anzustellen; das schließt auch gekochte Speisen mit ein. Speisen können selbst bei Aufbewahrung im Bordkühlschrank nicht beliebig lange genießbar gehalten werden, vor allem nicht in warmen Gebieten. Manche Bakterien vermehren sich auch bei Kühlschranktemperaturen rasch. Man sollte deshalb in warmen Gegenden die Kost so wählen, daß man möglichst auf einen Kühlschrank verzichten kann.

Auch der Inhalt von Dosen kann verderben und zu schwersten Lebensmittelvergiftungen führen. Der Doseninhalt ist ungenießbar, wenn der Dosenboden sich vorwölbt, beim Öffnen Gase (eventuell sogar übelriechende) entweichen oder der Inhalt verfärbt ist. Daher sollte man das Verfallsdatum der Konserve bereits beim Einkauf unbedingt beachten.

Verschimmelte Speisen dürfen nicht verzehrt werden, da neben harmlosen auch giftige Schimmelpilze auftreten können.

Beachte:

In warmen Gegenden können Speisen viel schneller verderben, ohne wesentlich an Geschmack zu verlieren!

2.4. Alkohol an Bord

Alkohol − gleich in welcher Form − führt bereits in kleinen Mengen genossen zu einer vorübergehenden kurzen Aufputschung mit geistigem und körperlichem Leistungsanstieg, dann aber sehr rasch über die vorherige Abgespanntheit hinaus zu stärkerer Ermüdung und Gleichgültigkeit. In größeren Mengen, besonders über einen längeren Zeitraum, führt Alkohol zu erheblicher Abnahme und Verlangsamung des Reaktionsvermögens, zur Überbewertung der eigenen körperlichen und geistigen Leistungsfähigkeit, verbunden mit einer zunehmenden Kritiklosigkeit gegenüber der Abschätzung gefahrvoller Situationen. Schließlich geraten auch die körperlichen Bewegungen und zweckgerichtete Handlungen außer Kontrolle. Die Folgen sind eine erhöhte Unfallgefahr (siehe Statistik der an Vatertagen über Bord Gefallenen), Ausfall von Crewmitgliedern bei schwerem Wetter und Gefährdung des eigenen Lebens und das anderer bei sorgloser falscher Navigation. Insbesondere Biergenuß führt zu einer vermehrten Harn-ausscheidung, der dringend Rechnung getragen werden muß. Bei schwerem Wetter ist der Gebrauch des Bord-WC oft unmöglich und die dann gewählte Außenbordmethode mit der katastrophalen Gefahr des Überbord-gehens verbunden.

Daher sollte man während des eigentlichen Törns keinen Alkohol zu sich nehmen, ausgenommen das obligate Opfer an Rasmus bei Antritt der Reise. Im Hafen ist genügend Gelegenheit, das Versäumte nachzuholen.

Lebensrettende Sofortmaßnahmen

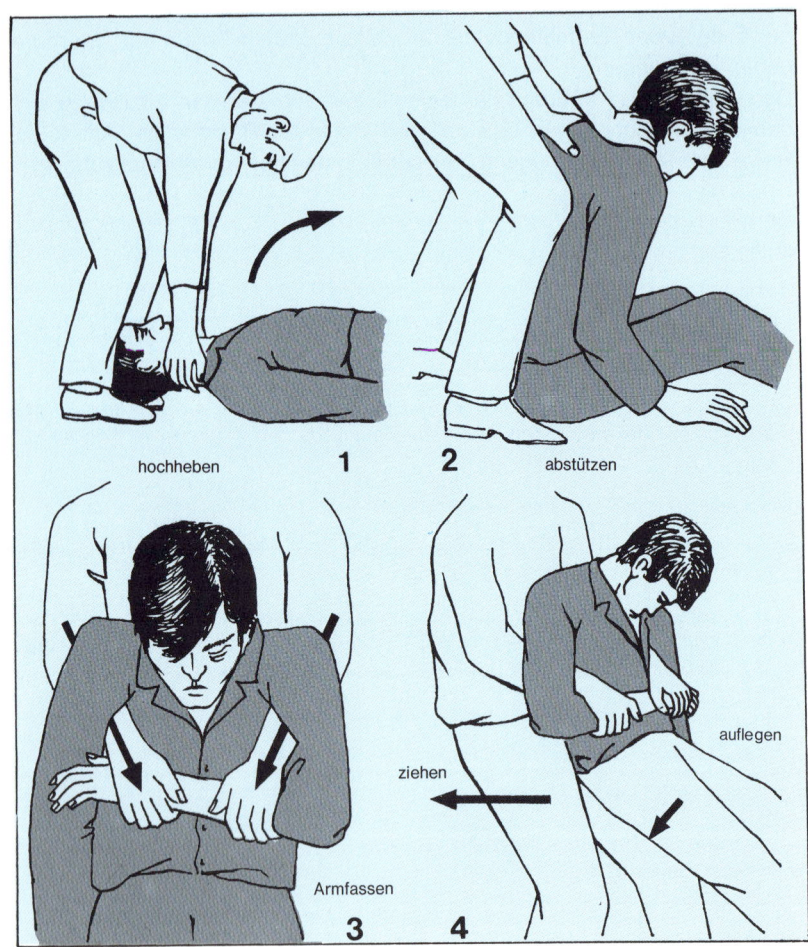

Abb. 1   Rautek-Griff in vier Phasen

1. Rettungsgriffe

Nach einem Unfall muß ein Verletzter an eine geeignete Stelle gebracht werden, um Blutstillung, Wiederbelebung oder Schockbehandlung durchführen zu können. Meist wird dies die Kajüte sein. Mit dem Rautek-Griff kann ein Verletzter am besten transportiert werden.
Man geht in 4 Phasen vor (Abb. 1):

1. Phase:
Der Helfer tritt hinter den Verletzten und hebt ihn im Schulter-Nacken-Bereich so an, daß der Kopf des Verletzten auf den Unterarmen des Helfers zu liegen kommt.

2. Phase:
In der Sitzposition wird der Verletzte von den Knien des Helfers gehalten.

3. Phase:
Der Helfer schiebt seine Arme von hinten durch die Achselhöhlen des Verletzten. Dann faßt er einen Unterarm des Verletzten und legt ihn quer vor dessen Leib.

4. Phase:
Der Helfer geht in leichte Kniebeuge und zieht den Verletzten auf seine Oberschenkel. So kann er ihn fortschleifen.

Der Rettungsgriff nach Rautek läßt sich zu einem Tragegriff erweitern (Abb. 2). Dieser Tragegriff eignet sich, um einen Verletzten von Deck in die Kajüte zu bringen.

2. Blutstillung

Eine blutende Wunde wird mit einem einfachen sterilen Verband bedeckt, der nicht abschnüren soll. Die Blutung kommt damit meist zum Stehen. Bei Blutungen aus Schlagadern reicht ein einfacher Verband aber oft nicht aus. Bei solchen Blutungen spritzt hellrotes Blut im Rhythmus des Herzschlages aus der Wunde. Folgendes Vorgehen wird empfohlen:

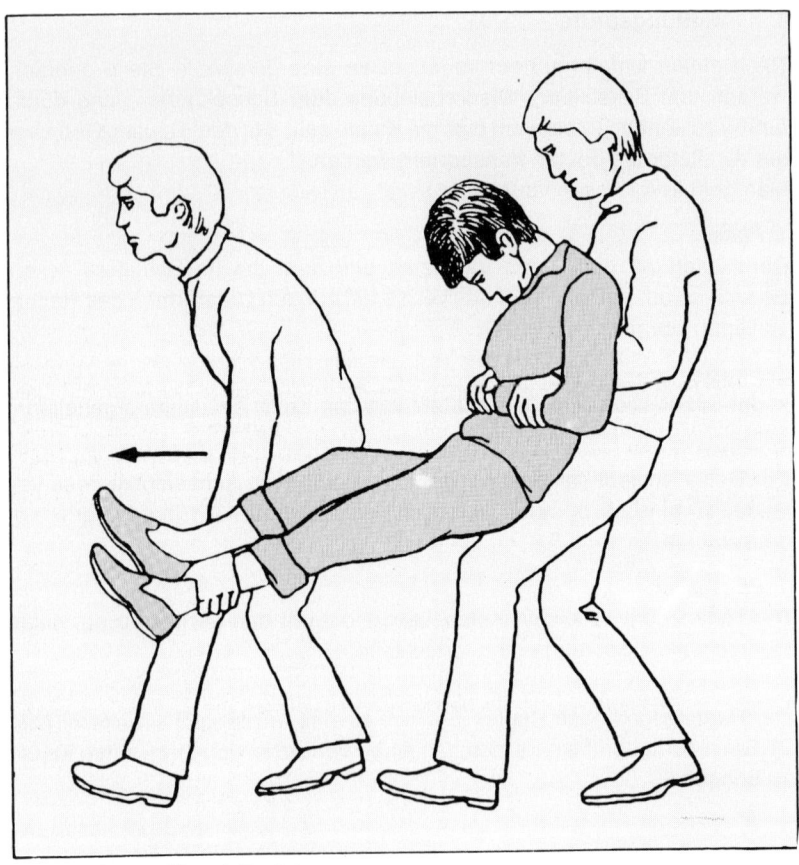

Abb. 2   Tragegriff nach Rautek

— Hochhalten der verletzten Gliedmaße.
— Anlage eines Druckverbandes auf die blutende Wunde: über die keimfreie Wundauflage wird ein Polster gelegt, z. B. ein fest zusammengelegtes Tuch, ein Verbandspäckchen oder ähnliches. Darüber wird eine

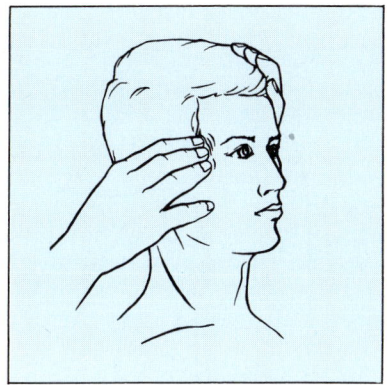

Abb. 3 *Abdrücken der großen Schläfenschlagader mit den Fingerspitzen einer Hand vor dem Ohr gegen den Schläfenknochen, wobei die andere Hand auf der Gegenseite des Kopfes den Gegendruck ausübt*

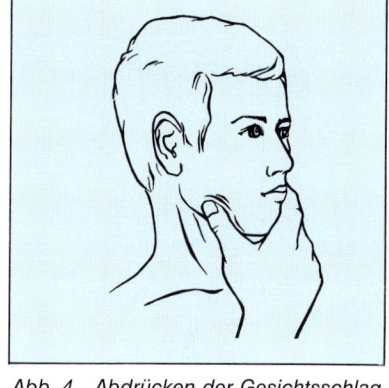

Abb. 4 *Abdrücken der Gesichtsschlagader. Der Daumen drückt die Arterie vor dem Ansatz des Kaumuskels gegen den Unterkiefer ab. Die anderen Finger der Hand üben auf der anderen Seite des Kiefers den Gegendruck aus*

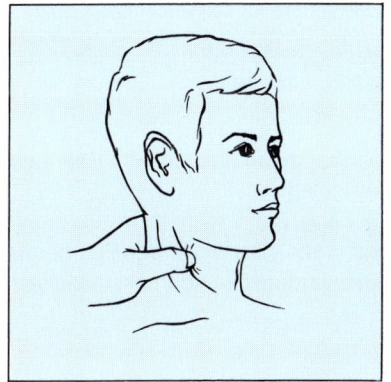

Abb. 5 *Abdrücken der Halsschlagader am Vorderrand des Kopfnickermuskels gegen die Wirbelsäule. Diese Art der Abdrückung darf höchstens zwei bis drei Minuten praktiziert werden*

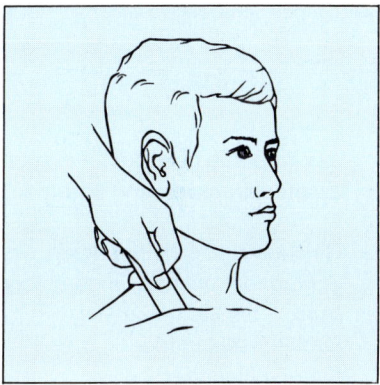

Abb. 6 *Abdrücken der Schlüsselbeinschlagader hinter der Mitte des Schlüsselbeins nach unten gegen die erste Rippe. Als Hilfsmittel dient ein Zungenspatel*

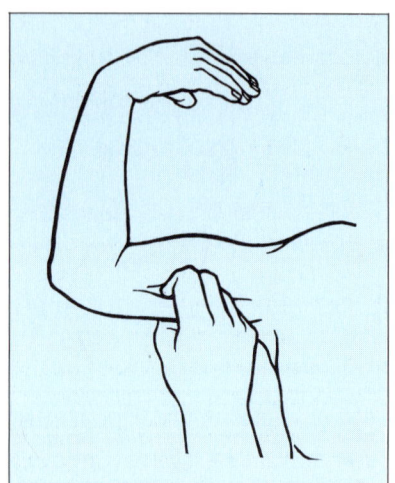

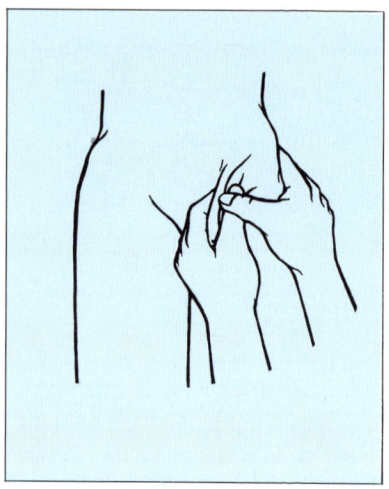

Abb. 7 Abdrücken der Oberarmschlagader auf der Innenseite des Bizepsmuskels gegen den Oberarmknochen

Abb. 8 Abdrücken der Beinschlagader mit beiden Daumen unter dem inneren Drittelpunkt des Leistenbandes, wobei die Finger beider Hände auf der Hinterseite des Oberschenkels den Gegendruck ausüben

zweite Binde gewickelt. Falls dieser Verband durchbluten sollte, wird ein zweiter Druckverband über den ersten gelegt.

– Reichen diese Maßnahmen nicht aus, kann herzwärts der Wunde die Schlagader mit den Fingern abgedrückt werden. Die Abdruckstellen sind (Abb. 3 bis 8):
Schläfenschlagader
Kieferschlagader
Halsschlagader
Schlüsselbeinschlagader
Armschlagader
Beinschlagader

– Reicht auch das nicht aus, um die Blutung zum Stehen zu bringen, kann die stark blutende Schlagader mit den Fingern **am Ort der Blutung,** also dort, wo es herausspritzt, zusammengedrückt werden. Am besten nimmt man als Unterlage eine keimfreie Auflage oder notfalls ein sauberes Tuch (Taschentuch). Hier geht dann Schockbekämpfung vor Keimfreiheit.

– Als letztes Mittel zur Blutstillung kommt die Abbindung in Frage. Diese Maßnahme kann aber nur mit größten Bedenken empfohlen werden. Mit der Abbindung werden Blutgefäße und Nerven verletzt, so daß die betroffene Gliedmaße unter Umständen eine dauernde Schädigung davonträgt. Wenn das Abbinden nicht zu umgehen ist, darf nur ein **breites** Gurtband (z. B. Hosenträger, Dreieckstuch) verwendet werden, nie dünne Enden, Draht oder ähnliches. Bei einer richtig sitzenden Abbindung kann der Puls unterhalb der Abbindung nicht mehr getastet werden. Die angelegte Abbindung darf nur durch einen Arzt wieder geöffnet werden, da beim Öffnen derselben die Gefahr besteht, daß mit dem zurückfließenden venösen Blut giftige Stoffwechsel-Abbauprodukte aus der abgebundenen Gliedmaße in den Blutkreislauf gelangen und einen Schockzustand auslösen oder verstärken.

Der Zeitpunkt der Abbindung ist unbedingt zu notieren (Zettel an Abbindung heften oder die Zeit mit Kugelschreiber oder Lippenstift auf die Stirn des Verletzten schreiben!). Nach Abbindung einer Gliedmaße ist rascheste ärztliche Versorgung anzustreben.

Beachte:

Druckverbände oder Abbindungen dürfen nicht angelegt werden (Gefahr der Nervenschädigung)
– direkt oberhalb des Handgelenks.
– direkt oberhalb des Ellenbogens.
– direkt unterhalb des Kniegelenks.
Bei jeder größeren Blutung muß auf **Schockzeichen** geachtet werden (siehe Seite 37).

3. Lagerung von Verletzten

Richtige Lagerung kann einen Verletzten vor ernsthafter Lebensgefahr bewahren. Die wichtigste Lagerungsart ist die

3.1. Stabile Seitenlage (siehe Abb. 9)

Vorgehen:
Der Helfer kniet seitlich neben dem Verletzten, hebt die ihm zugewandte Gesäßseite leicht an und schiebt den Arm des Verletzten, der dem Helfer zugewandt ist, soweit wie möglich unter das Gesäß. Dann umfaßt der Helfer das ihm zugewandte Bein des Verletzten, winkelt es an und stellt es auf (auch Fuß bis ans Gesäß schieben). Der Helfer faßt jetzt den Verletzten an Hüfte und Schulter und zieht ihn zu sich herüber. Dadurch rollt der Verletzte in die Seitenlage. Um die Atemwege freizuhalten, wird der Kopf des Verletzten in den Nacken gebeugt und die freiliegende Hand unter das Gesicht geschoben. Zuletzt wird der unter dem Körper liegende Arm nach hinten vom Körper weggezogen.
Die stabile Seitenlagerung ist perfekt.

Anzuwenden bei:
— Bewußtlosen zum Freihalten der Atemwege
— Verletzten, die allein gelassen werden müssen

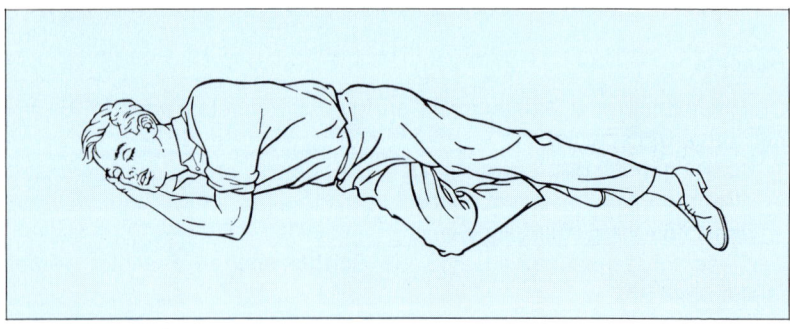

Abb. 9   Stabile Seitenlage, auch NATO-Lage genannt

– Schädel- und Hirnverletzungen (Blutung aus Nase, Mund, Ohr)
– Erbrechen
– Blutung aus Mund und Rachen, Schock

Weitere Lagerungsarten

3.2. Schocklagerung (Abb. 10)

Zur besseren Durchblutung der wichtigsten Organe wie Herz, Lunge, Gehirn und Nieren

3.3. Rückenlagerung mit Knierolle (Abb. 11)

Bei Bauchverletzung und -erkrankung zur Verminderung der Bauchdecken-spannung und zur Schmerzlinderung

3.4. Sitzlagerung (Abb. 12)

Zur Verbesserung der Atemtätigkeit bei Brustkorbverletzungen

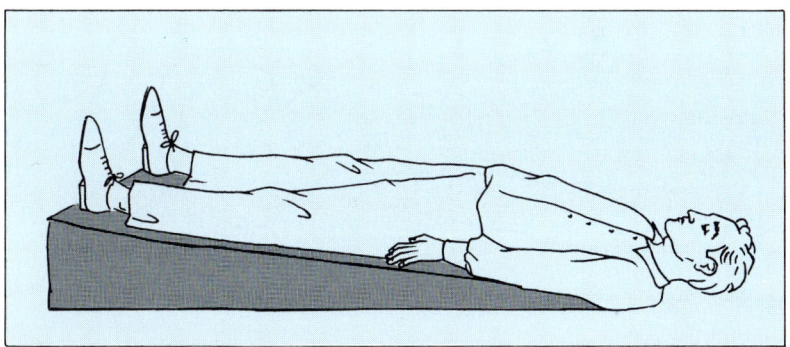

Abb. 10   Schocklagerung (Kopf tief, Beine hoch)

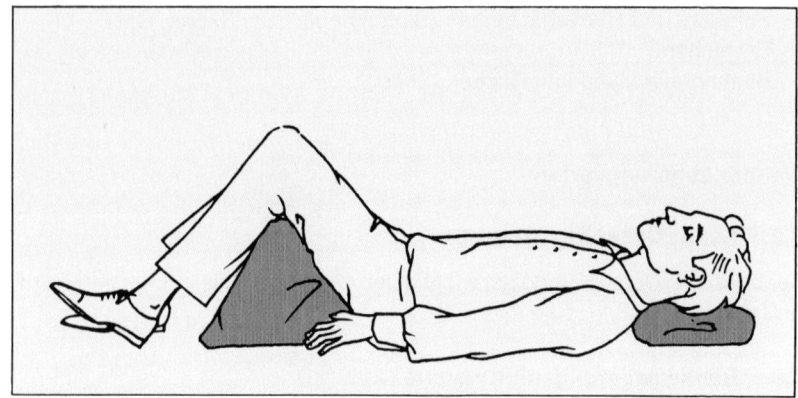

Abb. 11   Rücklagerung mit Knierolle (Baucherkrankung und -verletzung)

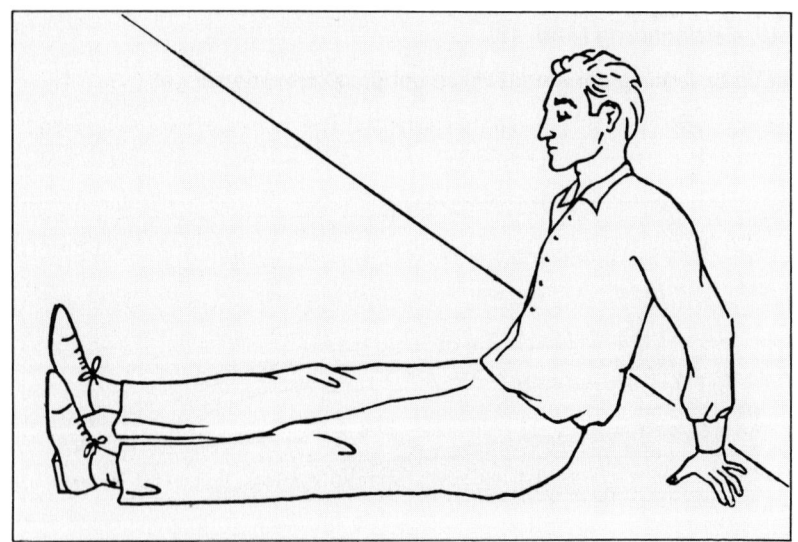

Abb. 12   Sitzlagerung (Brustkorbverletzung)

Abb. 13   Hocklagerung (Mundblutung)

3.5.   Hocklagerung (Abb. 13)

Bei starker Blutung aus dem Mund und bei Kieferverletzung

3.6.   Rückenlagerung mit erhöhtem Kopf und Oberkörper (Abb. 14)

Zur Verringerung der Hirndurchblutung bei Kopfverletzungen, Hitzschlag, Sonnenstich

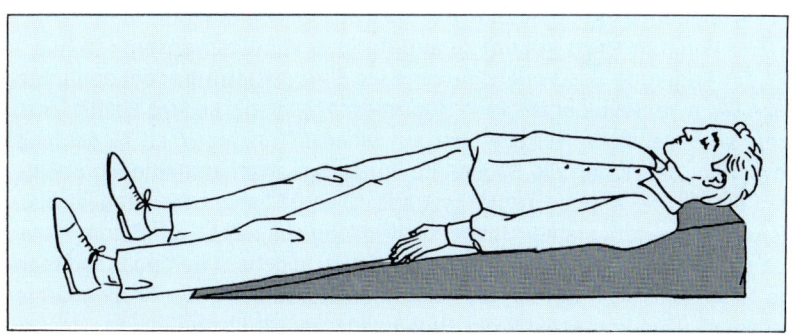

Abb. 14   Rückenlagerung (Kopf hoch)

Die beschränkten Platzverhältnisse auf einem Schiff und der Seegang machen es oft unmöglich, Lagerungsarten nach Vorschrift anzuwenden. Man wird hier Kompromisse finden müssen. Es soll die Koje für die Lagerung des Verletzten verwendet werden, die eine möglichst günstige und ruhige Lagerung zuläßt. Der Kranke muß gegebenenfalls angebunden werden, um ein Herumrollen bei Seegang zu vermeiden. Dies ist besonders wichtig bei Bewußtlosen. Bei Transport und Lagerung müssen alle unnötigen Belastungen ausgeschaltet werden. Das Motto „Zähne zusammenbeißen, Schmerz kurzzeitig aushalten" ist gerade dann fehl am Platz, wenn durch schonenden Transport und Lagerung zusätzliche Schmerzen verhindert werden können, die durch nicht vermeidbare Umstände, wie das Schlingern des Schiffes usw., ohnehin in reichlichem Maße entstehen.

Merke:
- **Schwerverletzte sollen immer liegen** und nicht sitzen oder zum Aufstehen veranlaßt werden.
- **Enge Kleidung lockern.** Ausziehen der Kleidung kann große Schmerzen verursachen, daher die Kleidung aufschneiden oder an den Nähten auftrennen.
- **Verletzte mit Knochenbruch** müssen so gelagert werden, daß jede **Bewegung** der verletzten Knochenteile durch das Rollen des Schiffes **vermieden** wird (gegebenenfalls Verunfallten anbinden).
- Der **Verletzte muß gut vor Auskühlung geschützt werden.**

Bei der Lagerung des Verletzten kann die **Sirius-Rettungsdecke** nützlich sein. Die eine Seite der Decke ist silberbeschichtet, die andere goldlackiert. Sie hat wesentliche Vorteile, die auf einem Schiff noch an Bedeutung gewinnen: Kehrt man die Silberseite der Decke abschirmend nach außen, wird die Wärme doppelt zurückgestrahlt. Dies ist besonders dann wichtig, wenn der Verletzte starker Sonnenbestrahlung ausgesetzt ist. Einem Hitzeschlag kann damit vorgebeugt, ein Wärmestau abgebaut werden. Kehrt man die Silberseite dem Körper zu, so werden bis zu 85 % der Körperwärme reflektiert. Dadurch schützt die Rettungsdecke vor Unterkühlung, Regen, Nässe und Wind.

4. Herz-Lungen-Wiederbelebung

Atemstillstand und Herzstillstand müssen innerhalb von 3 bis 5 Minuten beseitigt werden, sonst tritt der Tod ein. Nach einem Atemstillstand kommt es ca. 3 bis 5 Minuten später zum Kreislaufstillstand. Die durch den Kreislaufstillstand bedingte Mangelversorgung des Gehirns mit Sauerstoff läßt das Gehirn nach dieser Zeit absterben und führt damit zum Tod.

4.1. Zeichen des Atemstillstands

– Bewußtlosigkeit
– Keine Atembewegung des Brustkorbes und Bauchraumes
– Kein hör- und spürbarer Atemluftstrom
– Allmähliche Blauverfärbung der Haut, beginnend an den Lippen und Fingerspitzen
– Weitwerden der Pupillen, Entrundung der Pupillen

4.2. Zeichen des Herzstillstandes

– Bewußtlosigkeit
– Halsschlagader beidseits pulslos
– Atemstillstand
– Weite, reaktionslose Pupillen beidseits
– Blasse, fahlgraue Farbe
– Fehlen der Herztöne als sehr unzuverlässiges Zeichen!

4.3. Sofortmaßnahmen nach der ABC-Regel

A = **Atemwege** freimachen und freihalten
B = **Beatmen**
C = **Circulation** des Kreislaufs wiederherstellen

4.3.1. A = Atemwege freimachen und freihalten

1. Reinigung der Mundhöhle von Fremdkörpern (Blut, Mageninhalt, Gebiß
   – siehe Abb. 15)

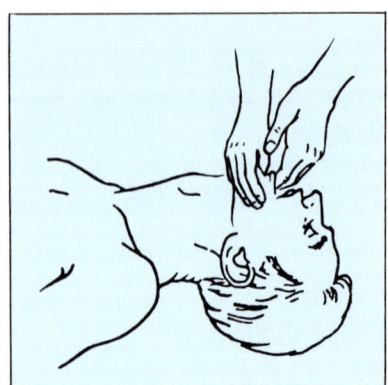 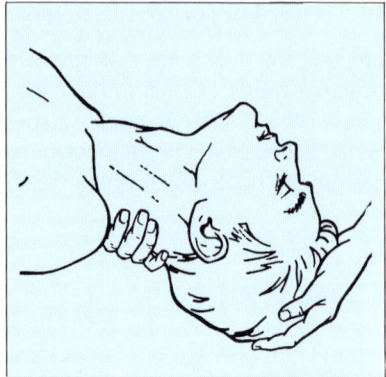

Abb. 15   Reinigung von Mund und Ra-
chen (Erbrochenes, Blut), Auswischen mit
Tuch und Finger

Abb. 16   Überstrecken des Kopfes nach
hinten

2. Überstrecken des Kopfes nach hinten und gleichzeitiges Vorziehen des
   Unterkiefers (Abb. 16 und 17)

In den meisten Fällen eines Atemstillstandes führen die Maßnahmen A der
ABC-Regel zur Spontanatmung des Verunglückten, denn die Hauptursache
des Atemstillstandes ist das Zurücksinken des Unterkiefers und der Zunge,
wodurch der Zugang zur Luftröhre verdeckt wird.

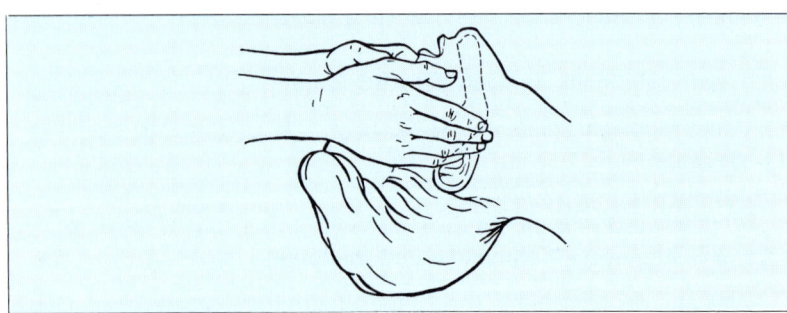

Abb. 17   Vorwärtsziehen des Unterkiefers

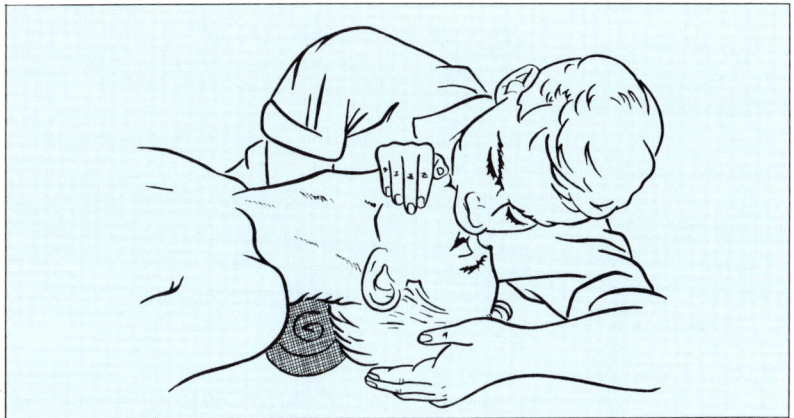

Abb. 18   Mund-zu-Nase-Beatmung

Kommt nach dieser Maßnahme A die Atmung nicht in Gang, muß Maßnahme B durchgeführt werden.

4.3.2. B = Beatmen

Voraussetzung für die Beatmung ist die Maßnahme A. Geschieht dies nicht, besteht die Gefahr, daß die eingeblasene Luft anstatt in die Lunge in den Magen des Verunglückten gelangt.

1. Mund-zu-Nase-Beatmung (Abb. 18): Die Beatmung Mund-zu-Nase erfolgt 12−18mal in der Minute. Der Beatmer hebt nach jeder Beatmung den Kopf und kontrolliert die durch die Beatmung ausgelöste Bewegung des Brustkorbes.

2. Mund-zu-Mund-Beatmung: Die Beatmung Mund-zu-Mund wird bei verschlossener Nase, bei Nasenbluten oder bei Verletzung der Nase durchgeführt.

Atemstöße pro Minute:
- Erwachsene ca. 12–18mal
- Kinder ca. 25mal
- Säuglinge ca. 40mal

Die Atemspende ist allen anderen mechanischen Wiederbelebungsmethoden weitgehend überlegen.

Liegt ein Herz-Kreislauf-Stillstand vor, wird die Maßnahme C der ABC-Regel durchgeführt.

4.3.3. C = Circulation des Kreislaufs wiederherstellen
(Herzdruckmassage)

Die Herzdruckmassage erfolgt am Herzdruckpunkt, der drei Querfinger oberhalb des Brustbeinendes liegt (Abb. 19). Beim Erwachsenen wird der Brustkorb ca. 5 cm mit den Handballen zusammengedrückt, bei Kindern 2 cm, bei Säuglingen 1 cm. Der Helfer beugt sich über den Verunglückten und drückt mit gestreckten Armen und beiden übereinander liegenden Handballen auf den Herzdruckpunkt (Abb. 20). Der Brustkorb sollte dabei nicht stoßartig zusammengedrückt werden, sondern die Phasen des

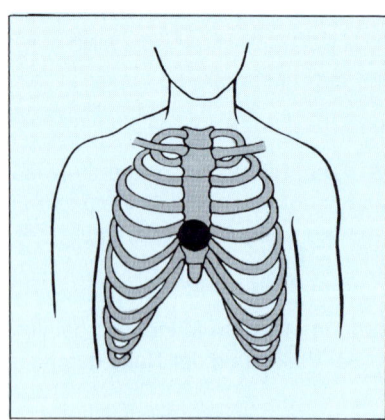

Abb. 19   Herzmassage-Druckpunkt

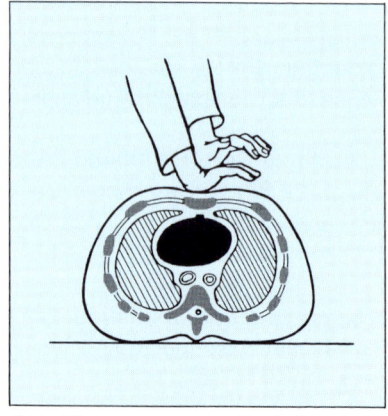

Abb. 20   Herzmassage-Technik

Zusammendrückens des Brustkorbes sowie der Entspannung sollten gleich lang sein. Beim Erwachsenen sollen in der Minute ca. 60 bis 80 Herzmassagen durchgeführt werden, bei Kindern mit einem Handballen 100 Herzmassagen in der Minute, bei Säuglingen mit 2 Fingern 120 Herzmassagen in der Minute.

Es muß immer zusätzlich beatmet werden:
Bei einem Helfer werden zunächst 2 Beatmungen und dann 15 Herzmassagen durchgeführt.
Bei zwei Helfern führt der eine Helfer eine Beatmung durch, der zweite Helfer anschließend 5 Herzmassagen.
In diesem Rhythmus wird weiterverfahren.
Der Erfolg der Herzdruckmassage kann durch einen tastbaren Puls der Halsschlagader sowie der Leistenschlagader kontrolliert werden. Bei erfolgreicher Wiederbelebung werden die weiten Pupillen wieder enger, die Herzaktionen sowie die Atmung setzen spontan wieder ein. Die Wiederbelebungsmaßnahmen können aber erst dann eingestellt werden, wenn Atmung und Puls wieder regelmäßig sind. Besteht trotz intakter Atmung und tastbarem Puls weiterhin Bewußtlosigkeit, so ist der Verunglückte in die stabile Seitenlagerung (siehe Kapitel 3.1.) zu bringen und ständig zu kontrollieren.
Die Wiederbelebung sollte über 30 bis 40 Minuten versucht werden. Bei Kindern oder unterkühlten Personen kann eine Wiederbelebung auch über mehrere Stunden noch zum Erfolg führen.

5. Schock

5.1. Schocksymptome

– Kühle, feuchte, blaß-bläuliche bis fahlgraue Haut
– Schneller, schlecht tastbarer Puls (um 100 Schläge pro Minute)
– Unruhe, Ängstlichkeit, später Schläfrigkeit bis Bewußtseinstrübung
– Flache Atmung

5.2. Schockbekämpfung

Bei jeder schweren Verletzung muß mit einem Schock gerechnet werden. Der drohende Schock kann leichter verhindert als der eingetretene Schock beseitigt werden.

Je länger der Schock dauert und je massiver er ausgeprägt ist, um so größer ist die Lebensbedrohung. Deshalb nach einem Unfall alle Maßnahmen zur Schockbekämpfung einleiten:

5.2.1. Blutstillung (siehe unter 2)

5.2.2. Lagerung (siehe unter 3)

Der Verletzte wird so gelagert, daß die Zentren (Gehirn, Herz und Lunge) ausreichend durchblutet werden.
Das bedeutet:
- Für einige Minuten die Beine hochhalten
- Bei Nichtbewußtlosen Schocklagerung (siehe Abb. 10)
- Bei Schädelverletzung, Brustkorbverletzung sowie Herzschwäche kann die Schocklagerung nicht durchgeführt werden. Die entsprechende Speziallagerung ist anzuwenden.
- Bei Bewußtlosen stabile Seitenlage (siehe Abb. 9)

5.2.3. Schutz vor Auskühlung

Der Verletzte ist in Decken einzuhüllen, Überwärmung aber zu vermeiden. Sirius-Rettungsdecke verwenden. Möglichst trockene, warme Unterlage.

5.2.4. Schmerzlinderung

- Vermeidung jeder unnötigen Bewegung (gegebenenfalls Festbinden des Verletzten)
- Suche einer bequemen Lage für den Verunfallten
- Gabe von Schmerzmitteln
Klagt der Verletzte über starke Schmerzen, so sollte man versuchen, diese durch Medikamente zu lindern. Da die meisten Schmerzmittel eine Ver-

schlechterung der Atemfunktion sowie eine Reduzierung des Blutkreislaufes bewirken, sollte man die Schmerzmittel anfänglich niedrig dosieren. Man beginnt z. B. mit 20 bis 30 Tropfen Valoron-N. Nach 5 bis 10 Minuten tritt die schmerzstillende Wirkung ein, die etwa 4 bis 5 Stunden anhält. Dann kann eine zweite Dosis gegeben werden. Bei sehr starken Schmerzen ist eine intramuskuläre Injektion von Tramal zu empfehlen. Bei einem Verletzten im Schockzustand jedoch sollte man von einer intramuskulären Injektion absehen, da infolge der Mangeldurchblutung des Gewebes im Schock das gespritzte Medikament nicht rechtzeitig in die Blutbahn aufgenommen werden kann.

5.2.5. Laben

Kleine Flüssigkeitsmengen verabreichen (nur schluckweise trinken lassen). Durch Laben wird der Kreislauf mit Flüssigkeit zum Teil wieder aufgefüllt. Empfehlenswert ist eine trinkbare Salzlösung, z. B. 2 Beutel Liquisorb S auf 1 l Wasser oder einfacher: 1 gestrichener Teelöffel Kochsalz auf 1 l Wasser. Ungeeignet sind kohlensäurehaltige Getränke und Milch.

Verboten ist **Laben** bei:
- Bewußtlosen und Benommenen
- Schluckbehinderung
- Verletzung des Bauchraumes
- Schädel- bzw. Hirnverletzung
- Verletzung oder Schädigung der Lungen und des Brustraumes
- Brechreiz und Erbrechen

5.2.6. Seelische Betreuung

Der Verletzte fühlt sich im Zustand des Schocks allein und ist verängstigt. Durch die Nähe des Helfers und durch Zuspruch werden die Widerstandskräfte gestärkt.

5.2.7. Pulskontrolle (zur Kontrolle der Schocksituation)

Puls 60 bis 80 Schläge pro Minute = normal

Puls um 100 Schläge pro Minute = beginnender Schock
Puls über 120 Schläge pro Minute = schwerer Schock

Die Pulswerte sollten wenn möglich zur Kontrolle alle 15 Minuten mit Uhr-
zeitangabe auf einem Zettel vermerkt werden, ebenso die durchgeführten
Maßnahmen, um einen Überblick über die Gefährlichkeit der Situation zu
erhalten.

5.2.8. Rauch- und Alkoholverbot

Ein Verunfallter sollte weder rauchen noch Alkohol zu sich nehmen.

5.2.9. Bei anhaltendem Schockzustand

ist der Verletzte wegen der Lebensgefahr sobald wie möglich in ärztliche Versorgung zu bringen, da intravenöse Flüssigkeitszufuhr bzw. Blutersatz zur
Lebenserhaltung dringend notwendig ist.

5.3.   Schockursachen

5.3.1. Äußere und innere Blutungen:

− Blutungen aus Wunden
− Blutungen ins Gewebe bei schweren Prellungen und Knochenbrüchen
− Blutungen im Magen-Darm-Bereich
− Blutungen in den Bauchraum nach stumpfen Verletzungen

5.3.2. Verlust von Blutflüssigkeit:

− Verbrennungen
− Entzündungen des Bauchraumes

5.3.3. Wasserverlust:

− Erbrechen
− Durchfall
− Starkes Schwitzen

5.3.4. Herzschwäche/Herzinfarkt (siehe 28.3 auf Seite 107):

– Durchblutungsmangel der Herzkranzgefäße
– Verschluß oder Teilverschluß von Herzkranzgefäßen

5.3.5. Einschwemmung von Bakteriengiften in die Blutbahn durch Entzündungen:

– durch Abszesse
– durch Infektionskrankheiten

5.3.6. Überempfindlichkeitsreaktionen (Allergien) des Körpers gegen fremdes Eiweiß oder Medikamente

6. Ersticken

Verursacht wird Ersticken durch Verschlucken von Fremdkörpern wie Speisebrocken, Flüssigkeiten, Erbrochenem oder einem Gebiß. Sind die Fremdkörper klein, werden sie meist durch Hustenstöße aus den Atemwegen herausbefördert. Sind sie groß, muß dem Erstickenden sofort geholfen werden. Bei Bewußtseinsstörungen jedoch können auch kleine Fremdkörper massive Atemnot verursachen.

Behandlung:

1. Öffnen des Mundes. Einschieben eines Keiles oder mehrfach gefalteten Tuches, um das Zubeißen zu verhindern. Fremdkörper dann mit den Fingern herausholen.

2. Oberkörper des Erstickenden weit nach vorne beugen, quasi „auf den Kopf stellen". Schläge mit der flachen Hand auf den Rücken zwischen die Schulterblätter geben, bis der Fremdkörper ausgehustet wird.

Läßt sich mit 1. und 2. kein Erfolg erzielen, so muß folgende Methode versucht werden:

3. Handgriff nach Heimlich.

Der Helfer legt seine beiden Arme von hinten um die Taille des Erstickenden, ballt eine Hand zur Faust und drückt die Faust kräftig auf die Bauchdecke oberhalb des Nabels in Richtung Zwerchfell. Bei Bedarf mehrmals wiederholen. Durch den beim Druck auf den Bauch entstehenden Überdruck in den

41

Luftwegen kann der Fremdkörper oftmals wie ein Sektkorken aus einer Sekt-
flasche herausgeschossen werden.

Wichtig:

**Handgriff nur anwenden, wenn man Augenzeuge der Erstickung durch
einen Fremdkörper ist** oder wenn alle anderen Maßnahmen nicht zum
Erfolg führen.

Dieser Handgriff sollte nur im äußersten Notfall angewendet werden.

Nach der Anwendung des Handgriffs nach Heimlich ist eine baldige ärztliche Untersuchung erforderlich wegen der Gefahr des Leber-, Milz- oder
Magenrisses.

7.   Ertrinken

Schnelles Handeln ist erforderlich.

Keine Zeit mit Maßnahmen zur Entfernung von Wasser aus Lunge und
Magen verlieren, da Wasser aus der Lunge nicht entfernt werden kann.

Wiederbelebung nach der ABC-Regel (siehe Seite 33)

Nach geglückter Wiederbelebung drohen dem zunächst Geretteten noch
erhebliche Gefahren:

Unterkühlung

Sofort nasse durch trockene Kleidung ersetzen. Sirius-Rettungsdecke verwenden, in Decken einhüllen, Maßnahmen wie bei Unterkühlung (siehe
Seite 43) anwenden.

Einschlafen des Geretteten

Einschlafen muß unter allen Umständen verhindert werden, da ein Schla-
fender von einem Bewußtlosen nicht unterschieden werden kann. Sollte
eine Kontrolle nicht möglich sein, ist auf jeden Fall die stabile Seitenlage
(siehe Abb. 9) anzuwenden; ferner sind Atmung und Puls ständig zu kontrollieren.

Spätschäden

Auch innerhalb der nächsten 48 Stunden kann durch das sogenannte
„sekundäre Ertrinken" noch der Tod eintreten (lebensgefährliche Störung
des Salz-Wasser-Haushaltes durch die über Lunge und Magen aufgenommenen Wassermengen). Deshalb sofort den nächsten Hafen anlaufen.

8.   Unterkühlung

8.1.   Sofortmaßnahmen

- Geretteten aus Wind und Wetter in die Kajüte bringen
- Entkleiden
- In trockene Decken einschlagen
- Heißes, stark gezuckertes alkoholfreies Getränk geben, jedoch nicht bei Bewußtlosen
- Anlegen einer Wärmepackung nach Hibler oder durch chemische Elemente
- Wärmung des Körperrumpfes mit Aussparung der Extremitäten
- Vermeidung aller aktiven und passiven Bewegungen
- Keine Medikamente
- Kein Alkohol

8.1.1.   Wärmepackung nach Hibler

Ein großes Tuch (Bettlaken oder ähnliches) wird mehrmals auf die Größe 30 x 30 cm gefaltet und auf die Mitte kochendes Wasser gegeben. Das Tuch wird dann dem Unterkühlten in Höhe des Übergangs Brustraum zu Bauchraum auf das Hemd oder ein Handtuch gelegt. Anschließend legt man eine Sirius-Rettungsdecke darüber. Brust- und Bauchraum werden in eine Decke eingeschlagen, wobei nur noch das Gesicht sowie Arme und Beine frei bleiben. Mit einer weiteren Decke wird dann der ganze Körper eingewickelt.

Die Hibler-Wärmepackung wird stündlich erneuert.

8.1.2.   Wärmepackung durch chemische Elemente

Wärmeelemente geben nach Vermischen chemischer Substanzen Wärme ab. Solche Wärmeelemente sind z. B. Kwik-Heat: 45 Minuten lang 70° C, oder Breast-T-Packelement: 30 Minuten lang 33° C. Durch Quetschen einer Packung wird ein darin befindlicher Beutel zerdrückt. Die in diesem enthaltene Flüssigkeit gerät mit der Chemikalie in Granulatform im äußeren Beutel zusammen – der Wärmeprozeß beginnt. Bei der Behandlung eines

Unterkühlten werden die Wärmeelemente aktiviert und dem Unterkühlten in der Herzgegend und am Rumpf angelegt. Ansonsten geht man in gleicher Weise vor wie bei der Wärmepackung nach Hibler.

8.1. Unterkühlungsstadien

Temperaturmessung mit Frühgeborenenthermometer im After

Unterkühlungsstadium	Symptome
1. Erregungsstadium 36−34 Grad C **geringe Gefahr**	− Kältezittern („Schüttelfrost") − Erregung − Pulszahl über 80/min erhöht − Atemzüge vertieft und beschleunigt − Schmerzen im ganzen Körper − Hautfarbe weiß − später: Müdigkeit, Dumpfheit, Nachlassen des Kältezitterns
2. Erschöpfungsstadium 34−29 Grad C **Gefahr!**	− Muskelstarre − nicht mehr ansprechbar, schläfrig − Pulsschlag gesenkt (30−40/min) unregelmäßiger Puls − Atemzüge verlangsamt (weniger als 10/min) − Hautfarbe bläulich
3. Lähmungsstadium unter 29 Grad C **höchste Gefahr!**	− Bewußtlosigkeit − Pupillenerweiterung − keine Atembewegungen − Muskelstarre gelöst − kein Puls mehr nachweisbar − Hautfarbe wächsern

Der Unterkühlte kann erst dann allein gelassen werden, wenn wieder eine normale Körpertemperatur von 36,5° – 37° C erreicht ist.

9. Verbrennung

9.1. Allgemeine Maßnahmen

Brennenden auf dem Boden wälzen, Brand mit Decke bekämpfen, mit Wasser oder Feuerlöscher angehen. Löschstrahl nicht ins Gesicht richten!

9.2. Örtliche Maßnahmen

Bei Verbrennungen an Arm oder Bein wird die Gliedmaße in kaltes Wasser (auch Seewasser) gehalten, und zwar so lange, bis nach 10 bis 15 Minuten Schmerzlinderung eintritt. Bei Schäden am Rumpf den ganzen Körper mit kaltem Wasser überschütten.

Nach der Kaltwasser-Behandlung sind die Brandwunden ca. 2 mm dick mit Flammazine-Creme zu bestreichen. Anschließend wird ein lockerer steriler Verband angelegt. Ist in der Bordapotheke keine Flammazine-Creme vorhanden, werden die Wunden mit Brandwunden-Verbandspäckchen mit Metallineauflage bedeckt (zur Not auch saubere Tücher verwenden). **Verboten** ist die Anwendung von **Salben, Puder, Ölen oder alten Brandwunden-Verbandspäckchen mit Puderauflage.**

Für Verbrennungsverletzte gelten die gleichen Grundregeln wie für Schwerverletzte: schmerzfreie Lagerung, Schutz vor Auskühlung zur Erhaltung der normalen Körpertemperatur, Schmerztherapie. Sowohl Unterkühlung als auch Überwärmung sind unbedingt zu vermeiden, da sie zu Nebenreaktionen am Kreislauf führen (Verwendung der Sirius-Rettungsdecke).

9.3. Maßnahmen zur Schockvorbeugung

Geht eine Verbrennung beim Erwachsenen über 15 % der Körperoberfläche hinaus (bei Säuglingen und Kleinkindern über 10 %), muß mit einem Schock gerechnet werden. Die Berechnung der verbrannten Körperoberfläche läßt sich nach der Neuner-Regel grob abschätzen:

Kopf und Hals	= 1 x 9 %	
Arm und Hand	= 1 x 9 %	
Rumpfvorderseite	= 2 x 9 %	der Körperoberfläche
Rumpfrückseite	= 2 x 9 %	
Bein und Fuß	= 2 x 9 %	

Eine weitere Hilfe ist die Faustregel, daß die Handfläche eines Erwachsenen 1 % seiner Körperoberfläche entspricht.

Der bewußtseinsklare Verletzte ohne Übelkeit oder Erbrechen muß reichlich Flüssigkeit in kleinen Schlucken zu sich nehmen: 2 Beutel Liquisorb-S auf 1 l Wasser oder 1 gestrichener Teelöffel Kochsalz auf 1 l Wasser. In der ersten Stunde nach der Verbrennung sollen ca. 1 l dieser Flüssigkeit vom Verletzten aufgenommen werden. Bei Auftreten von Übelkeit muß die Zufuhr allerdings abgebrochen werden.

9.4. Schmerzlindernde Maßnahmen

Bei mäßigen Schmerzen: Gabe von 3 x 2 Tabletten Benuron 500/Tag. Bei starken Schmerzen: 20 bis 30 Tropfen Valoron-N.
Bei Erregung des Verletzten können zusätzlich 1 bis 2 Tabletten Valium 5 mg gegeben werden.
Bei sehr starken Schmerzen empfiehlt sich die intramuskuläre Injektion 1 Ampulle Tramal. Bei eingetretenem oder drohendem Schockzustand kann das Medikament jedoch nicht in die Blutbahn aufgenommen werden und ist somit unwirksam.

9.5. Dringlichkeit

Zur Beurteilung der Dringlichkeit einer Behandlung ist die Kenntnis der 3 Verbrennungsgrade notwendig:

Verbrennung 1. Grades = schmerzhafte Hautrötung
Verbrennung 2. Grades = schmerzhafte Hautrötung und Blasenbildung
Verbrennung 3. Grades = tiefgehende Verkohlung und Blasenbildung

Ferner ist der Umfang der verbrannten Körperoberfläche von großer Bedeutung. Bei Verbrennungen 2. Grades von mehr als 15 % der Körperoberfläche, bei Kindern von mehr als 5 % der Körperoberfläche sowie bei drittgradigen Verbrennungen von mehr als 5 % ist eine rasche ärztliche Versorgung anzustreben. Ärztliche Behandlung ist ferner dringend bei allen Verbrennungen von Gesicht, Händen und Genitalien anzuraten.

10. Vergiftung

10.1. Vergiftung durch Medikamente, Nahrungsmittel, Alkohol

Bei einer Vergiftung mit Tabletten, verdorbenen Nahrungsmitteln oder durch übermäßigen Alkoholgenuß muß versucht werden, das Gift so schnell wie möglich aus dem Körper zu entfernen. Die beste Methode ist das Auslösen von Erbrechen.

Behandlung: Salzwassermethode
Insgesamt 1 l warmes Salzwasser (1 bis 2 Eßlöffel Kochsalz auf 1 l Wasser) schnell trinken lassen. Dann reizt man mit dem Finger die Rachenhinterwand, bis Erbrechen eintritt. Es muß so lange Salzwasser getrunken werden, bis klare Flüssigkeit erbrochen wird. Nach dem Erbrechen werden 20 bis 30 Kohlekompretten in Wasser aufgelöst und dem Vergifteten zu trinken gegeben.

Merke:
Keine Giftentfernung durch Erbrechen bei
– Bewußtlosen
– Verätzungen durch Laugen und Säuren. Behandlung hier durch reichliche Zufuhr kohlensäurefreier Flüssigkeit. Bei Säureverätzungen kann eine Neutralisation des Giftes durch Gabe von Milch oder Eimilch (mehrere rohe Eier werden in Milch eingerührt und getrunken) erreicht werden. Bei Laugenverätzungen wird die Gabe von Zitronensaft oder verdünntem Speiseessig empfohlen. Entscheidend jedoch ist die frühzeitige Verdünnung des Giftes durch reichliche Flüssigkeitszufuhr.
– Vergifteten, bei denen die Gifteinnahme schon mehr als 3 Stunden zurückliegt

10.2. Vergiftung durch Gase

Bei Arbeiten im Motorraum oder längerem Aufenthalt in einer ofengeheizten Kajüte kann es zu Kohlenoxid-Vergiftungen kommen. Auch Propan- und Butangas können zu Vergiftungen führen.

Symptome:
Im Anfangsstadium Stirnkopfschmerz und Schläfenkopfschmerz, Herzklopfen, Übelkeit, Schwindel, Erbrechen, Ohrensausen, Augenflimmern, Rausch- und Erregungszustände. Im Lähmungsstadium hellrote Lippen und Gesichtsfarbe, schneller Puls, wechselnde Pupillenweite, Atemstörung bis Atemlähmung.

Behandlung:
- Den Vergifteten an die frische Luft bringen
- Bei Bewußtseinsstörung stabile Seitenlagerung
- Wiederbelebung nach der ABC-Regel (siehe Seite 33)

Dringlichkeit:
Auf schnellstem Wege ärztliche Behandlung anstreben!

Untersuchungs- und Behandlungstechnik

Zum Erkennen von Krankheiten sowie Art und Umfang von Verletzungen ist es notwendig, den Kranken gezielt zu befragen, zu beobachten und zu untersuchen.

Das Untersuchungsschema soll hierfür einen Anhalt geben. Bei funkärztlicher Beratung muß es vorher herangezogen werden, um auf die gezielten ärztlichen Fragen nach dem folgenden Abfrageschema für Medico-Gespräche die richtige Antwort geben zu können.

1. Abfrageschema für Medico-Gespräch

Vor dem Gespräch ausfüllen.

1. Name des Schiffes – Rufzeichen	
Position des Schiffes	
Name des Kranken	
2. Alter und Geschlecht	
3. Vorgeschichte bei Unfällen, Angaben über Unfallereignis – Fallhöhe, Unterkühlungsdauer	
Frühere Erkrankungen ähnlicher Art, frühere Operationen, Erkrankungsbeginn	
4. Befund	
Puls – Schläge pro Minute	
Atmung – Atemzüge pro Minute	

Geisteszustand − klar, benommen, verwirrt, bewußtlos, ängstlich, heiter, unruhig usw.	
Alkohol- oder Medikamentenbeeinflussung? Menge?	
Körpertemperatur − rektal (im After) messen. Bei Unterkühlungen Frühgeborenenthermometer benutzen. Bei Leibschmerzen auch unter der Achselhöhle messen.	
Hauptbeschwerden − Wo? Seit wann? Welcher Art? Z. B. Kolik-, Druck-, Dauerschmerz?	
Verletzungen − Was ist verletzt worden? Wodurch? Verformung der Gliedmaßen? Schockzeichen? Blutverlust? Ausmaß von Verbrennungen?	
Aussehen − normal, blaß, Lippenfarbe Schweißausbrüche, Gesichtsrötung	
Zunge − trocken, feucht, belegt, frei	
Rachen − gerötet, Mandeln belegt	
Urin − Farbe, Menge, wann zuletzt?	

Stuhlgang – Farbe, Konsistenz, Durchfall	
Erbrechen – Häufigkeit, wann zuletzt?	
5. Bisherige Maßnahmen und Verlauf	
6. Angaben über an Bord vorhandene Medikamente und Behandlungsmöglichkeiten (die in diesem Buch aufgeführte Apotheke entspricht etwa den Verzeichnissen III u. IVa der Verordnung über die Krankenfürsorge auf Kauffahrteischiffen. Die Medikamente an Bord sind gemäß der nationalen u. internationalen Nomenklatur der Handelsschiffahrt gekennzeichnet (siehe vorletzte und letzte Spalte der Arzneimittelliste).	
7. Standort des Schiffes – Entfernung zum nächsten Hafen in Meilen und Stunden	

2. Untersuchungsschema

Frage nach Beobachtung	Symptome	Hinweis auf
Appetit	Appetitlosigkeit Unverträglichkeit von Speisen	Magen-Darm-Erkrankung, Gelbsucht, Fieber, Gallenerkrankung, Darminfektion
Durst	vermehrt	fieberhafte Erkrankung Hitzefolge, Durchfall Zuckerkrankheit

51

Wasserlassen	Schmerzen	Blasenentzündung, Steinkolik d. Harnwege
	blutiger Urin mit Schmerzen	Blasenentzündung Harnleiterkolik
	blutiger Urin ohne Schmerzen	Blasenblutung, Nierenblutung
	bierbrauner Urin	Gallenkolik (mit Schmerzen), Gelbsucht
Stuhlgang	flüssig, weich, stinkend, häufig	Durchfallerkrankung, Typhus, Paratyphus, Lebensmittelvergiftung
	stinkend mit Fieber und Winden	Bauchspeicheldrüsenentzündung
	Stuhl- und Windverhalt, geblähter Bauch	Darmverschluß
	Blut- und Schleimbeimengungen, oft	Ruhr
	Blutauflagerung, bei evtl. schmerzhaftem Stuhlgang	Hämorrhoidenblutung
Übelkeit-Erbrechen	Auftreten bei Fahrbewegungen auf Schiffen	Seekrankheit
	Auftreten bei Minderdurchblutung des Gehirns	Schock und Kollaps
	Auftreten nach Schädelunfall	Gehirnerschütterung Schädel-Hirn-Verletzung
	Auftreten bei Baucherkrankungen	siehe unter Bauchschmerz (Seite 81)
	Auftreten nach Genuß verdorbener Lebensmittel	Lebensmittelvergiftung
	mit Blut, schwarzverfärbt	Magenblutung und bei Blutungen im Nasen-, Mund- und Rachenraum
	bei Kindern	Erbrechen (azetonämisch)
Körpertemperatur	erhöht mit Hitzegefühl, Schüttelfrost	Infektionskrankheit, bakterielle Erkrankung
	erniedrigt	Unterkühlung

Schmerzen	allgemeine Glie-derschmerzen	Grippe, Virusinfekt
	lokale Schmerzen	Erkrankung des betrof-fenen Organs oder der Körperzone
Schmerzen in Brust- und/oder Bauch-raum	mit Druckschmerz und Abwehrspan-nung	Magendurchbruch, Gallenblasenentzün-dung, Bauchspeichel-drüsenentzündung
	mit Atemnot evtl. mit Fieber	Herzinfarkt, Lungen-entzündung
	mit Fieber	Gallenblasenentzündung, Bauchspeicheldrüsen-entzündung, Lungenent-zündung, Nierenbecken-entzündung
Atmung	normal 16−20 Atemzüge/min bei Erwachsenen, 20−40 bei Kindern	
	beschleunigt	Fieber, Schock, Herz-erkrankung, Lungenent-zündung
	verlangsamt	steigender Hirndruck bei Schädel-Hirn-Ver-letzung
Bewußtsein	benommen, schläfrig	fieberhafte Erkrankungen Gehirnerschütterung, Schädel-Hirn-Verletzung
	bewußtlos	Schädel-Hirn-Verletzung, Schlaganfall, Stoffwechsel-störung (Lebererkrankung, Zuckerkrankheit, Unter-zuckerung), Atemlähmung − Verlegung der Atemwege
Pupillen	verengen sich auf Lichteinfall	normal
	einseitig weit (welche Seite?)	Hirnquetschung oder Hirnblutung
	maximal weit bei-derseits, bei Lichteinfall keine Änderung	eingetretener Tod
	sehr eng	Vergiftung mit Rausch-gift, Nikotin-, Alkohol-, Gasvergiftung

Lippen	rot	normal
	kirschrot	Kohlenoxidvergiftung
	blau	Atemstörung, Sauer-stoffmangel
	blaß	Schock, Kollaps
Zunge	feucht	normal
	trocken	fieberhafte Erkrankung, Magen-Darm-Erkrankung
	belegt (unzuverlässiger Hinweis)	Magen-Darm-Erkrankung
Rachen	gerötet	Rachenentzündung
	gerötete, ge-schwollene Mandeln evtl. weißlich belegt	Mandelentzündung
Bauchschmerzen	siehe unter Bauch-schmerz (Seite 81)	

3. Unfall-Unterscheidungsschema

Bei einem Unfall treten durch die Gewalteinwirkung auf den Körperstamm oder die Gliedmaßen je nach dem Unfallablauf verschiedenartige Verletzungen auf. Die Unterscheidung ist für die Behandlung wichtig. Hier die wesentlichsten Verletzungsarten:

— Prellung
Bei einer Prellung wird der Körper durch einen Schlag getroffen. Es entsteht als Folge ein Bluterguß in die Haut, Muskulatur, eventuell auch in die Hohlräume von Gelenken. Dadurch kommt es zu Schmerz und Schwellung. Die Gliedmaßen können unter Umständen nicht mehr bewegt werden. Die Gelenke und Knochen selbst sind nicht verletzt.

— Verstauchung oder Zerrung
Gewalteinwirkung führt zur Zerrung der Haltebänder eines Gelenkes. In schweren Fällen sind sie auch zerrissen. Es kommt im Gelenkbereich zum Bluterguß und zur Schwellung. Die Knochen sind nicht gebrochen, sie stehen in anatomisch richtiger Lage zueinander.

– *Verrenkung*

Eine Verrenkung liegt vor, wenn das Gelenk ausgekugelt ist: Der Gelenkkopf ist aus der Gelenkpfanne herausgetreten. Man kann meist die leere Gelenkpfanne im Vergleich zur Gegenseite tasten. Die Gelenkkapsel ist dabei zerrissen. Es kommt zu Bluterguß und Schwellungen im Gelenkbereich sowie einer erhöhten Spannung der umgebenden Muskulatur. Daher wird eine Einrenkung mit längerem Zuwarten immer schwieriger. Bei medizinischen Vorkenntnissen sollte die Einrenkung von Finger- und Schulterverrenkungen bereits auf See erfolgen, wenn der nächste Hafen nicht innerhalb weniger Stunden erreicht werden kann.

– *Knochenbruch*

Gewalteinwirkung führt zum Bruch des Knochens. Ist die Haut über dem gebrochenen Knochen unverletzt, so handelt es sich um einen geschlossenen Bruch, der in der Regel einen wesentlich günstigeren Heilungsverlauf hat. Bei Verletzung der Haut im Bruchbereich – sei es durch Durchspießung des Knochenbruchstücks oder durch äußere Verletzung – spricht man von einem offenen Bruch. Wegen der Gefahr der Keimeinschleppung mit folgender Knochenmarksentzündung nehmen diese Bruchformen häufig einen ungünstigeren Heilungsverlauf.

Die einzelnen Verletzungen lassen sich nach folgendem Schema unterscheiden:

	Prellung	Ver-stauchung	Ver-renkung	Knochen-bruch
Formveränderung	nein	nein	ja	ja
Schmerz	ja	ja	ja	ja
Schwellung	ja	ja	ja	ja
Gebrauchsunfähigkeit	nein	ja	ja	ja
abnorme Beweglichkeit	nein	nein	nein	ja
Knochenknirschen	nein	nein	nein	ja

4. Wundversorgung

Unter Wunden versteht man Verletzungen der Haut und der darunter liegenden Gewebe, z. B. der Muskulatur, der Gefäße usw. Die Aufgabe des

Helfers bei der Ersten Hilfe besteht lediglich darin, die Wunde steril abzu-
decken. Dies genügt auch an Bord, wenn innerhalb von ca. 6 Stunden ein
Arzt die endgültige Wundversorgung vornehmen kann.

Alle großen und in die Tiefe gehenden Wunden sowie Wunden mit Knochenbruch müssen unbedingt einer baldigen ärztlichen Behandlung zugeführt
werden. Notfalls sollte der Törn abgebrochen werden.

Benötigt man voraussichtlich mehr Zeit zum Anlaufen eines Hafens, oder
steht die ärztliche Versorgung für einige Tage in Frage (z. B. Atlantiktörn), so
müssen Maßnahmen getroffen werden, die auch später noch eine ärztliche
Wundversorgung ermöglichen oder den besten Heileffekt ohne ärztliche Versorgung garantieren.

Jede Wunde muß so steril wie möglich behandelt werden. Unter Sterilität
versteht man die weitgehende Freihaltung der Wunden von Bakterien. Die
Sterilität ist für den Heilerfolg und die Vermeidung einer Entzündung der
Wunde von entscheidender Bedeutung. Wunden dürfen nie mit bloßen
Fingern berührt oder betastet werden. Wegen der Gefahr der Tröpfchenin-
fektion soll man auch nicht über Wunden gebeugt sprechen.

4.1. Nicht verschmutzte Wunden

Glatte, kleine Schnittwunden sollen möglichst in Ruhe gelassen und steril
verbunden werden. Eine Adaptation der Wundränder kann mittels Steristrips
oder Leucoplast erfolgen.

4.2. Große oder verschmutzte Wunden

Derartige Wunden müssen versorgt werden. Eine schlecht oder falsch ver-
sorgte Wunde heilt aber schlechter als eine unversorgte, nur mit einem Verbandspäckchen abgedeckte Wunde.

4.3. Technik der Wundversorgung

a) Bereitstellung der zur Wundversorgung benötigten Geräte
− sterile Handschuhe
− sterile Pinzette
− Betaisadona-Lösung

– Verbandsmaterial, Binden
– Schienenmaterial bzw. Schienenersatzmaterial, falls notwendig

b) Anziehen der Handschuhe
Der erste Handschuh wird mit der bloßen Hand am Handgelenk angefaßt und angezogen. Die behandschuhte Hand nimmt nun den zweiten sterilen Handschuh und zieht ihn über die noch freie Hand.

c) Sterile Gaze-Tupfer
Tupfer mit steriler Pinzette nach Öffnen der Verpackungen durch den zweiten Helfer in Betaisadona-Lösung tauchen. Mit mehreren getränkten Tupfern wird zunächst die Wunde selbst, dann die Wundumgebung von grobem Schmutz gereinigt und desinfiziert.

d) Verbinden der Wunde
Die geöffneten Verbandspäckchen werden auf die gesäuberte Wunde gelegt und angewickelt.

e) Größere Wunden
Derartige Verletzungen müssen durch Schienung ruhiggestellt werden (siehe Kapitel 6).

5. Verbände

Wunden sind mit genügend großen Verbandspäckchen zu bedecken. Zu große Wunden werden mit sterilem Gaze-Tupfer abgedeckt und mit einfachen Mullbinden umwickelt.
Zur Stützung von Gelenken, aber auch zum Anlegen von Druckverbänden sind elastische Binden zu verwenden. Das Anlegen eines Verbandes sollte während eines Erste-Hilfe-Kurses geübt worden sein. Zur Wiederholung seien nur wenige Grundzüge schematisch dargestellt:

– Kopfverband mittels Dreiecktuch (Abb. 21)
– Stirnverband mittels Dreiecktuch (Abb. 21)
– Anlegen eines Notverbandes für Kinnverletzung (Abb. 22)
– Notverband für einen verletzten Unterarm (Abb. 23)
– Verband für Fingerverletzung (Abb. 24)
– Verband für Gelenkverletzung (Abb. 25)

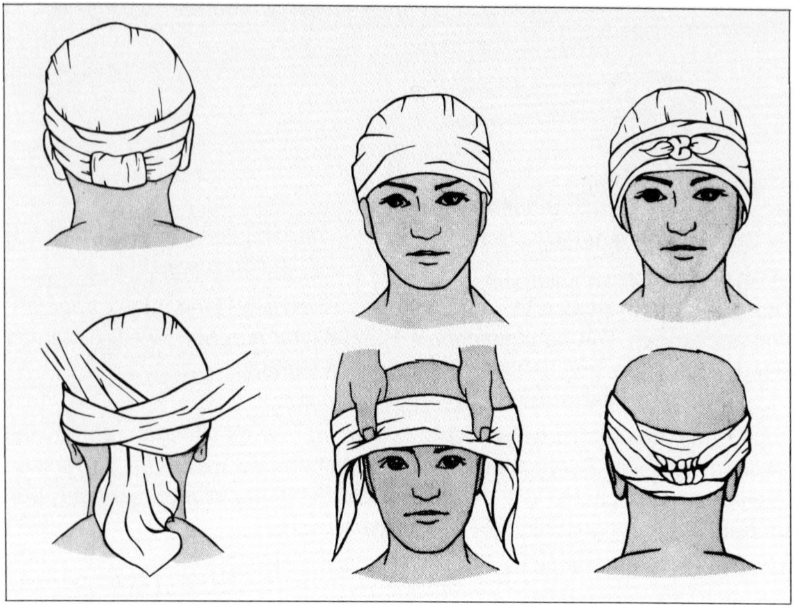

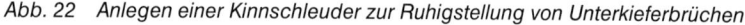

Abb. 21 Anlegen eines Kopfverbandes (links) und eines Stirnverbandes (rechts unten) mit dem Dreiecktuch

Abb. 22 Anlegen einer Kinnschleuder zur Ruhigstellung von Unterkieferbrüchen

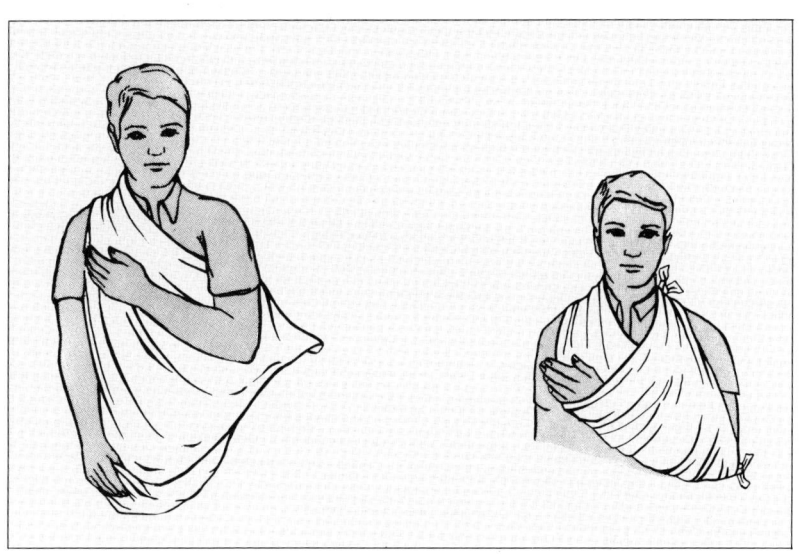

Abb. 23 Notverband für einen verletzten Unterarm mit Hilfe eines Dreiecktuches. Beachte: Bei dieser Art der Ruhigstellung muß die Hand bis in Herzhöhe angehoben werden, um ein Anschwellen der Hand zu vermeiden

Abb. 24 Anlegen eines Fingerverbandes unter Freilassung der Fingerspitze (oben), Anlegen eines Fingerverbandes, wobei die Fingerspitze mit eingeschlossen ist (unten)

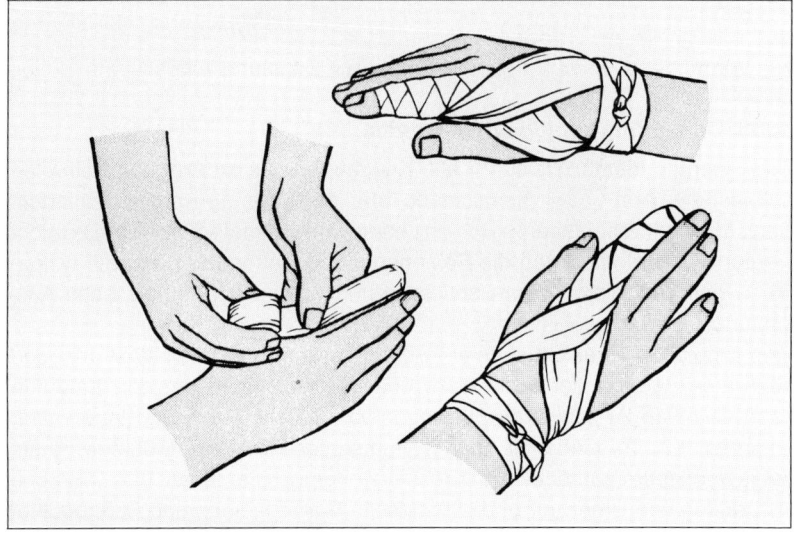

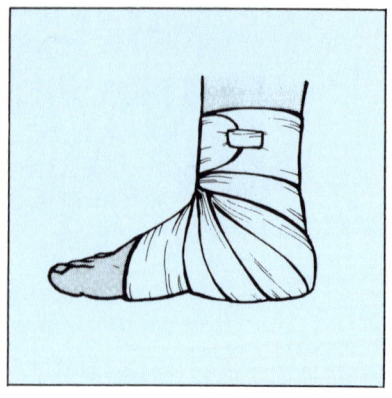

Abb. 25   *Anwickeln von Verbänden über Gelenken*

6.   Ruhigstellung und Schienung

Alle Knochenbrüche
müssen zur Vermeidung weiterer Schäden, Schmerzen, Vertiefung des Schocks,
und alle größeren Wunden
zur Vermeidung einer Entzündung und zur Erzielung eines guten Heilerfolges
durch Schienung ruhiggestellt werden.

Dazu dient in idealer Weise für alle Knochenbrüche an Arm und Bein eine aufblasbare Arm- bzw. Beinschiene aus dem Wende-Kammerschienen-Satz. Mit einer aufblasbaren Schiene kann eine optimale Schienung erreicht werden. Außerdem bieten die Schienen einen weiteren Vorteil: Sie wirken durch das Luftpolster wärmeisolierend und verhindern damit rasche Auskühlung.

Vom Eingipsen eines Bruches auf See ohne ärztliche Aufsicht ist dringend abzuraten. Wegen der Schwellneigung der Weichteile um den Knochen kann es rasch zu schweren Störungen von Durchblutung und Innervation kommen. Für Transatlantik- und Weltumsegler bietet die Industrie neuerdings noch teure anmodellierbare Kunststoffgipsschienen an, die für Brüche im Bereich von Unterarm und Hand sowie Sprunggelenk und Fuß, bedingt auch für den Unterschenkel, geeignet sind. Die begrenzte Lagerbarkeit und der Preis der Kunststoffgipsschienen beschränken den Einsatz auf ganz spezielle Segeltörns.

Stehen aufblasbare Schienen nicht zur Verfügung, sind folgende *Grundsätze* zu beachten:

- Die Verletzung an einem Glied muß immer so geschient werden, daß die beiden benachbarten Gelenke nicht bewegt werden können (z. B. Unterarmbruch: im Ellenbogen und Handgelenk ruhiggestellt, Finger frei).
- Alle Schienen und das Schienenersatzmaterial müssen sehr gut gepolstert sein, um Zirkulationsstörungen sowie Druck auf Nerven durch das harte Schienenmaterial zu vermeiden. Das Anwickeln der Schiene an den Körper sollte deshalb auch nur mit breiten Tüchern oder Binden erfolgen. Ungeeignet sind auch hier Zeisinge, Enden usw.
- Durchblutungskontrolle. Sollte nach Anlegen einer Schiene ein von den geschienten Gliedmaßen peripherer Körperteil, z. B. Finger oder Zehen, blau, kalt oder gefühllos werden, so ist der Verband zu lockern bzw. erneut lockerer zu wickeln. Es handelt sich dann um eine Blutzirkulationsstörung, die wahrscheinlich durch eine nachträgliche Schwellung des verletzten Körperteiles entstanden ist.

6.1. Technik und Arten der Ruhigstellung

Unterkieferverletzung
Die Unterkieferverletzung wird durch eine Kinnschleuder ruhiggestellt (Abb. 22).

Schlüsselbeinbruch
Ein Schlüsselbeinbruch wird durch Anlegen eines Rucksackverbandes ruhiggestellt (Abb. 26). Es eignen sich hierzu 2 oder 3 aneinandergeknotete Handtücher. Dieser Verband muß am Rücken fest angezogen und alle 12 Stunden nachgezogen werden.

Oberarmverletzung
Brüche knapp oberhalb des Ellenbogengelenks können mit einer aufblasbaren Armschiene ruhiggestellt werden. Ansonsten empfiehlt sich eine

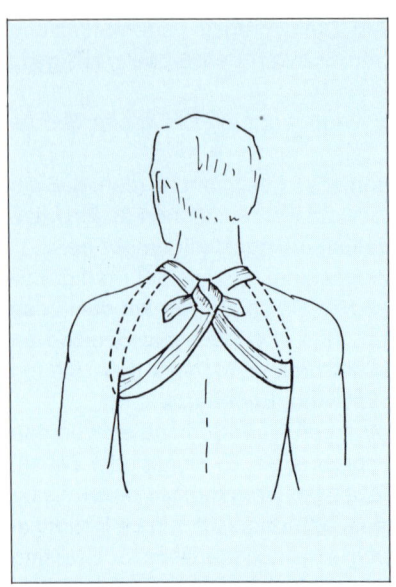

Abb. 26   Rucksackverband

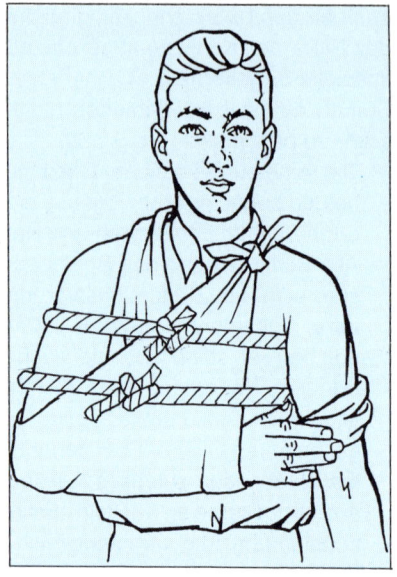

Abb. 27   Provisorische Ruhigstellung
eines Oberarmbruches

Unterarmschlinge mit einem Dreiecktuch. Mit zwei weiteren aufgerollten Dreiecktüchern wird der Oberarm am Rumpf fixiert (siehe Abb. 27).

Verletzungen im Bereich des Ellenbogens, Unterarms und Handgelenks
Die Versorgung erfolgt durch eine aufblasbare Armschiene. Ist dies nicht möglich, wird folgendermaßen vorgegangen:

– Brüche im Bereich des Ellenbogengelenks werden wie Oberarmbrüche ruhiggestellt.
– Brüche im Bereich des Unterarmes werden zuerst mittels einer Schiene vom Handgelenk bis zum Ellenbogengelenk reichend fixiert und anschließend wie ein Oberarmbruch mit drei Dreiecktüchern am Rumpf angebunden (siehe Abb. 27 und 28).

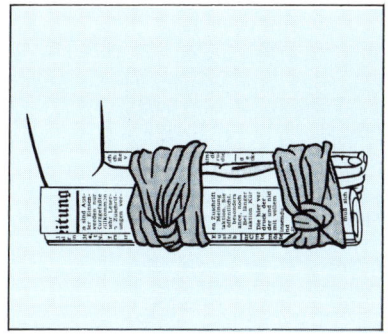

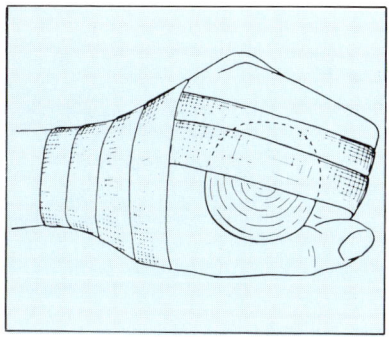

Abb. 28 Behelfsschienung eines Unter-   Abb. 29   Faustverband bei Verletzungen
arm- oder Handbruches   der Hand

— Verletzungen des Handgelenks und der Handwurzelknochen brauchen
nur eine Schienung vom Ellenbogengelenk bis zu den Fingergrundge-
lenken. Zur behelfsmäßigen Schienung eignen sich hier unter anderem
Zeitungen, Zeitschriften, Pappdeckel usw. (Abb. 28).

Verletzungen im Bereich der Finger
Hierbei muß der verletzte Finger in halber Beugestellung fixiert werden, am
besten durch eine der Hand angeformte gepolsterte Drahtschiene. Sind
mehrere Finger oder die Mittelhand betroffen, so eignet sich ein Faustverband. Dabei wird in die Hohlhand ein Stoff- oder Papierballen gelegt, so
daß eine halbgeschlossene Hohlhand entsteht. In dieser Stellung wird die
Hand mit Bindetouren an den Ballen fixiert (Abb. 29).

Wirbelverletzungen
Bei starken Schmerzen im Bereich der Wirbelsäule ist mit einer Wirbelverletzung zu rechnen. Bei Verdacht auf Wirbelverletzung verhält man sich so,
als sei der Bruch bereits eingetreten. Bei Wirbelverletzungen kann das Rük-
kenmark verletzt sein. Dies äußert sich in Lähmungserscheinungen und
Gefühlsverlust unterhalb der Rückenmarksverletzung.

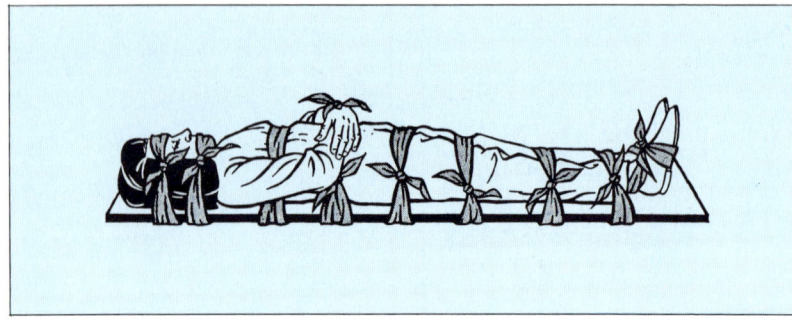

Abb. 30   Transport bei Halswirbelsäulenverletzung

Vorsicht:

Durch unsachgemäße Lagerung und Ruhigstellung kann bei einem Wirbelbruch, der anfänglich ohne Rückenmarksbeteiligung war, ein Querschnittssyndrom mit Lähmungen und Gefühlsverlust hervorgerufen werden.

Daher:

– Der Wirbelverletzte darf zum Transport nie aufgerichtet oder abgebogen werden.
– Er muß flach gelagert werden.
– Der Kopf muß vor Bewegungen jeglicher Art geschützt werden.
– Der Transport ist nur auf harter Unterlage durch Unterschieben von Brettern möglich. Der Verletzte muß festgebunden werden, z. B. mit Handtüchern oder mit aus Segelsäcken geschnittenen Streifen.
– Kein Kissen unter den Kopf legen (Abb. 30).

Rippenbruch

Unkomplizierte Brüche von 1–3 Rippen bedürfen außer Schmerzmittelgabe und Anleitung zum tiefen Durchatmen (Vorbeugung einer Lungenentzündung) keiner weiteren Behandlung.

Bei Rippenbrüchen besteht die Gefahr, daß ein gebrochenes Rippenstück die Lunge anspießt und diese zusammenfällt. Dies äußert sich in plötzlicher Atemnot, manchmal verbunden mit Bluthusten. Bei Brüchen der untersten

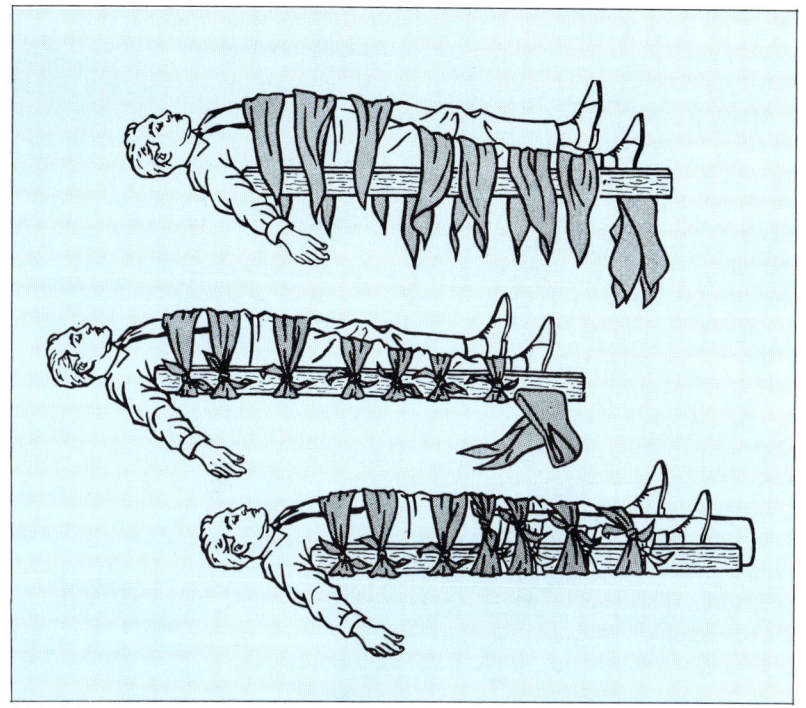

Abb. 31   Behelfsschienung eines Oberschenkel- oder Hüftgelenkbruches

Rippen muß man daran denken, daß auch Bauchorgane wie Leber und Milz verletzt werden können. Hierbei ist besonders auf Schockzeichen zu achten und bei eintretendem Schock rascheste ärztliche Versorgung anzustreben.

Oberschenkelverletzungen
Die Schiene muß das ganze Bein am Rumpf fixieren. Sie wird am Rumpf und am verletzten Bein angelegt (Abb. 31) und wird mit einer Reihe von Handtüchern oder mit aus Segelsäcken geschnittenen breiten Streifen am Körper fixiert.

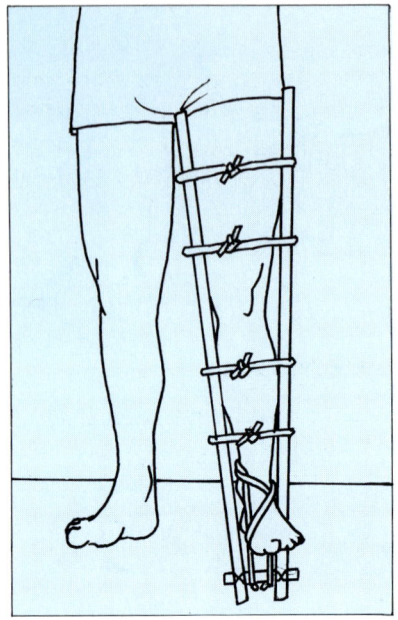

Abb. 32 Behelfsschienung eines Unterschenkelbruches

Unterschenkelverletzungen

Sie werden durch Schienung des gesamten Beines von der Ferse bis zum Hüftgelenk ruhiggestellt. Dazu empfiehlt sich die aufblasbare Beinschiene. Steht diese nicht zur Verfügung, so nimmt man zweckmäßigerweise zwei Hölzer, verbindet sie an beiden Enden durch ein Querholz starr miteinander und umwickelt dann die beiden Hölzer mit einem Ende. Nach guter Auspolsterung der Schiene und Unterlegen eines weiteren Polsters in Höhe des Kniegelenks wird die verletzte Gliedmaße unter Zug an der Ferse aufgehoben, auf die Schiene gelegt und nach Polsterung festgewickelt (Abb. 32). Eine Behelfsschienung ist auch mit einer um das Bein gewickelten Decke oder zwei Schlafsäcken möglich, an die außen seitlich eine Latte oder ein Rundholz angelegt und angewickelt wird.

Knöchelverletzungen
Wiederum empfiehlt sich die Verwendung der aufblasbaren Beinschiene. Im Ausnahmefall reicht eine Ruhigstellung mit Hochlagerung des Beines und Bettruhe aus. Der Schuh sollte ausgezogen werden, da durch die auftretende Schwellung des Knöchels die Blutzirkulation gestört werden kann. Ist keine äußere Verletzung vorhanden, so kann durch kühlende Umschläge Linderung verschafft werden.

Vorfuß- und Zehenverletzungen
Sie bedürfen keiner Schienung. Es genügt, das verletzte Bein hochzulagern und es gegen seitliches Verrutschen zu fixieren.

7. Verabreichung von Spritzen und Medikamenten

Medikamente verordnen, verabreichen und spritzen darf nur ein approbierter Arzt. Wenn durch eine besondere Notlage eine ärztliche Versorgung

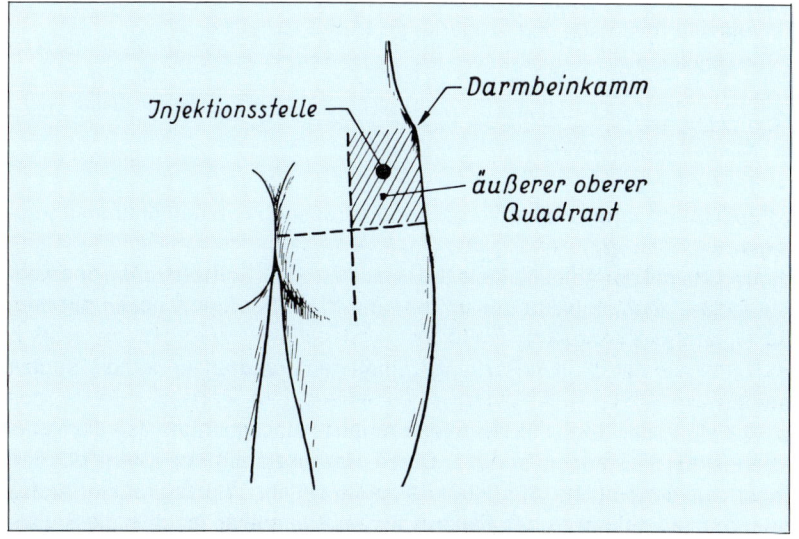

Abb. 33   Punkt zum Einstich der Nadel bei intramuskulären Spritzen

nicht in Kürze erreicht werden kann, ist es dem Laien erlaubt, zur Abwendung von Lebensgefahr oder schwerwiegenden Folgen Medikamente und Spritzen zu geben. Grundsätzlich sollte man immer zuerst Tabletten oder Tropfen versuchen und nur unter besonderen Umständen zur Spritze greifen.

Dies wird notwendig, wenn eine Medikamentenaufnahme durch den Mund unmöglich ist, sei es, daß der Kranke erbricht oder Durchfälle hat, bewußtlos ist oder über stärkste Schmerzen klagt.

Laien dürfen niemals Medikamente in eine Vene spritzen, sondern nur in die Gesäßmuskulatur. Der richtige Injektionsort ist der obere äußere Quadrant der Gesäßmuskulatur ca. drei Querfinger unterhalb der Darmbeinschaufel (Abb. 33).

Technik des Spritzens
a) Bereitstellen der nötigen Geräte
– Ampulle (eventuell auch zugehörige Trockenampulle)
– Ampullenfeile
– sterile Spritze
– sterile Nadel
– Betaisadona-Lösung
– sterile Tupfer
b) Spritze aus ihrer sterilen Verpackung herausnehmen und griffbereit weglegen
c) Ampulle mit der Ampullenfeile am Hals mehrmals anritzen, dann den Kopf abbrechen. Zurück bleibt der untere nun offene Teil der Ampulle mit dem flüssigen Inhalt (Abb. 34).
d) Nadel aus der sterilen Packung entnehmen und drehend auf die Spritze aufsetzen.
e) Nadel mit der Spritze in die offene Ampulle stecken, ohne daß die Nadel irgendeinen Teil außen berührt. Durch Herausziehen des Stempels den Inhalt aufsaugen (Abb. 35). Ist die Ampulle entleert, Spritze mit der Nadelspitze senkrecht nach oben halten und den Stempel so lange in die Spritze hineindrücken, bis alle Luft entfernt ist und der Spritzeninhalt an der Nadel-

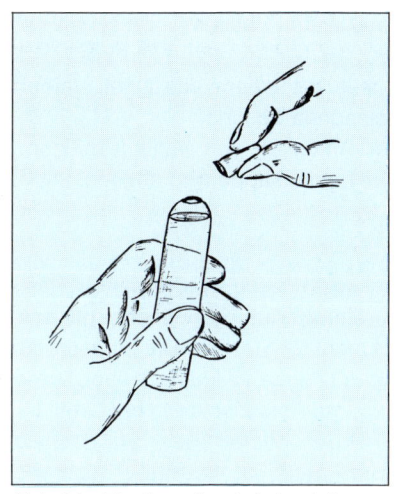

Abb. 34   Die Ampulle wird abgefeilt

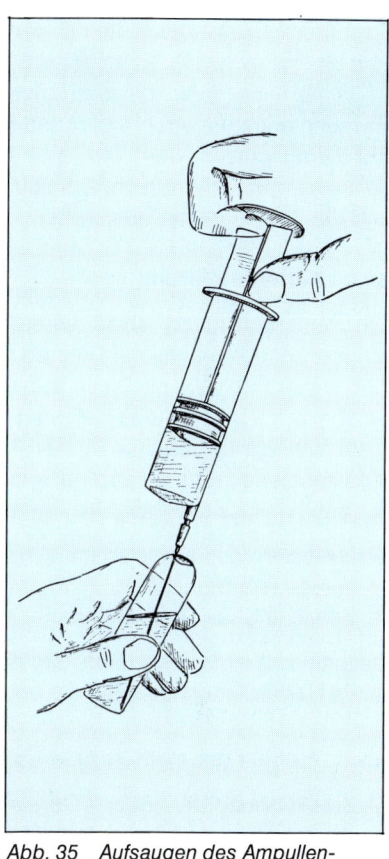

*Abb. 35   Aufsaugen des Ampullen-
inhaltes*

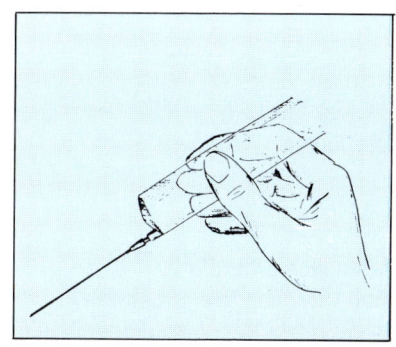

Abb. 36   Haltung der Hand zum Einstich

spitze erscheint. Die Haltung der Hand zum Einstich veranschaulicht Abb. 36.

f) Säubern der Haut um die Einstichstelle mit einem aus einer sterilen Packung entnommenen Tupfer und Betaisadona-Lösung.

Bei Fertigspritzen wie Fortecortin-Mono-Ampullen und Valium-Spritzampullen ist das Verfahren ganz einfach. Die Schutzkappe wird abgenommen, und die Spritze ist injektionsfertig.

8. Katheterisierung

Die Katheterisierung sollte eigentlich einem Arzt überlassen bleiben. Männer können manchmal plötzlich nicht mehr Urin lassen. Die Niere produziert weiter Harn und die Blase läuft unter Schmerzen allmählich über. Diese Schmerzen können durch Katheterisieren und Ablassen des Urins aus der Blase schlagartig behoben werden. In einer besonderen Notlage ist deshalb die Katheterisierung zu verantworten. Bei Frauen ist die Katheterisierung nur sehr selten notwendig. Man geht sinngemäß wie beim Mann vor.

Die Gefahren des Katheterismus in der Hand des Laien sind:
— mangelnde Sterilität
— Verletzung der Harnröhre.

Deshalb sollte man erst dann katheterisieren, wenn 12 bis 16 Stunden eine totale Harnsperre bestanden hat und starke Schmerzen vorhanden sind.

8.1. Technik der Katheterisierung

a) Bereitstellung der nötigen Geräte
— mit Betaisadona-Lösung angefeuchtete Tupfer
— sterile Handschuhe
— Kathetergleitmittel
— Katheter
b) Sorgfältige Säuberung der Eichel mit den sterilen Tupfern
c) Anziehen der sterilen Handschuhe nach Vorschrift (siehe Seite 57)
d) Eindrücken des Kathetergleitmittels in die Harnröhrenöffnung durch den Helfer

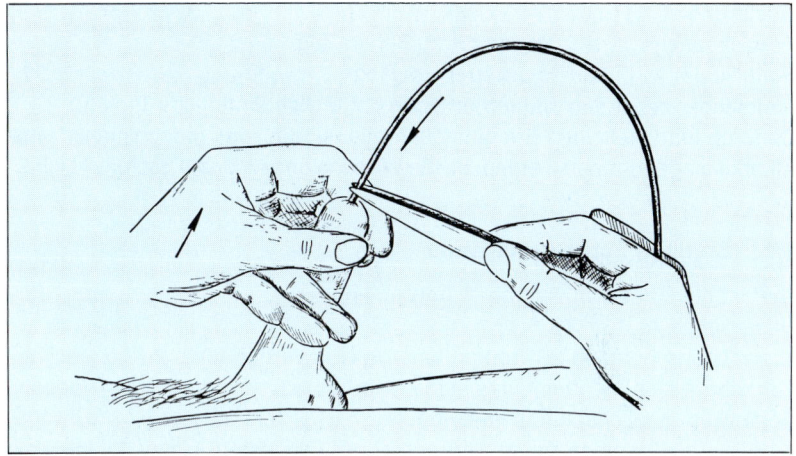

Abb. 37   Einführen des Katheters

e) Öffnen des steril verpackten Einmalkatheters durch den Helfer, der den Katheter nicht berühren darf

f) Entnehmen des Katheters mit sterilen Gummihandschuhen

g) Einführen des Katheters in die Harnröhre, bis Urin kommt (Abb. 37)

Wichtig: Bei einer Harnröhrenverletzung (zu erkennen am Blutfluß aus der Harnröhre) möglichst **keine** Katheterisierung durchführen. Ist es bei der Katheterisierung zur Blutung aus der Harnröhre gekommen, so muß drei Tage lang je 2 x 1 Tablette Tarivid 200 gegeben werden.

9.   Schmerzbehandlung

9.1.   Leichtere Schmerzzustände

Für Zahnschmerzen, Kopfschmerzen, Gelenkschmerzen, Menstruationsbe-schwerden, Wundschmerzen sowie leichte Nieren- und Gallenkoliken ver-wendet man Benuron-Tabletten.

Dosierung:
Erwachsene je 1–2 Tabletten bis zu 3 x am Tag
Schulkinder je 1 Tablette bis zu 3 x täglich
Kleinkinder bis zu fünf Jahren erhalten 3 x täglich eine halbe Tablette.
Benuron führt zu keinen Ermüdungserscheinungen, darf jedoch niemals mit
Alkohol eingenommen werden, da die Wirkung des Alkohols gesteigert wird.

9.2. Stärkere Schmerzzustände

Hier ist die Gabe von Valoron-N Tropfen angezeigt.
Dosierung:
Erwachsene nehmen 20 Tropfen Valoron-N unverdünnt bis zu 4 x am Tag.
Zur schnelleren Aufnahme des Medikamentes läßt man die Tropfen vor dem
Schlucken möglichst lange im Mund.
Kinder erhalten einen Tropfen Valoron-N pro Lebensjahr bis zu 4 x täglich.
Die Wirkung von Valoron-N tritt nach etwa 5 bis 10 Minuten ein und hält etwa
4 Stunden an. Nach der Einnahme von Valoron-N Tropfen muß der Kranke
mindestens 4 Stunden Ruhe einhalten und liegen, da das Medikament zu
Kreislaufreaktionen und Schwindelerscheinungen führen kann.

9.3. Stärkste Schmerzzustände

Die intramuskuläre Injektion einer Ampulle Tramal ist indiziert. Kindern unter
14 Jahren sollte Tramal nicht verabreicht werden.
Nach jeder Schmerzmittelgabe – außer Benuron – fällt das Crewmitglied
als Hand aus. Die Gefahr des Überbordgehens bei Schwindelerscheinungen ist zu groß. Niemals Schmerzmittel und gleichzeitig Alkohol!

10. Todesfeststellung

Für die Frage, wie lange eine Wiederbelebung bei Atem- oder Herzstillstand
fortgesetzt werden soll, ist es wichtig zu wissen, wann der Tod eingetreten
ist.

Unsichere Todeszeichen:
— Atem- und Herzstillstand
  Ein Laie wird eine weitgehend aufgehobene Atmung manchmal nicht von
  einem Atemstillstand unterscheiden können. Auch das Fehlen eines tastbaren oder hörbaren Herzschlags ist kein eindeutiges Todeszeichen.
— Weite und lichtstarre Pupillen
  Fehlende Lichtreaktion der Pupillen darf nicht als eindeutiges Todeszeichen gewertet werden, da die Pupillen bei manchen Vergiftungs-
  formen oder nach Schlaganfall ebenfalls nicht auf Licht reagieren.

Sichere Todeszeichen:
— Totenflecken
  Leichenflecke beginnen je nach Temperatur eine halbe bis eine Stunde
  nach Eintritt des Todes an den abhängenden Körperpartien, nicht jedoch
  an den Auflagestellen.
— Leichenstarre
  Die Starre beginnt temperaturabhängig nach 2 bis 3 Stunden; an der
  Kaumuskulatur einsetzend bildet sie sich innerhalb von 6 bis 9 Stunden
  vollständig aus. Nach 1 bis 2 Tagen löst sie sich wieder von selbst.
— Verwesungszeichen
  Bei Eintreten der Fäulnis ist auch dem Laien die Erkennung des eingetre-
  tenen Todes möglich.

Krankheits- und Behandlungs-verzeichnis

1. Abszeß

Symptome: Vorwölbung in der Mitte eines entzündeten Hautareals mit Durchschimmern eines gelblichen Eiterpfropfens oder hellroter Flüssigkeit, bei Flüssigkeitsansammlung eindeutig tastbare Fluktuation unter 2 tastenden Fingern

Mutmaßliche Diagnose: Infektion mit akuter Abszedierung

Behandlung: – Nach Desinfektion der Haut kurze ausreichend weite Stichinzision zum Ablassen des Eiters, steriler Verband, Gabe von 2 x 1 Tarivid für 2–4 Tage
Bei Abszedierungen oberhalb des Kiefers ist eine aktive Abszeßeröffnung streng untersagt wegen der Gefahr einer Gehirnhautentzündung!! Es bleibt nur die Gabe von 2 x 1 Tarivid, Ruhigstellung des Kiefers (Strohhalm, möglichst flüssige Nahrung) und rasche ärztliche Versorgung.

2. Allergie – Nesselsucht

Symptome: Stark juckende Hautrötung oder gerötete Hautquaddeln, die nach Genuß von Fisch, Milch, Obst, manchmal Alkohol oder Tonicwasser und vielen anderen Nahrungsmitteln sowie nach Einnahme von Medikamenten auftreten können.

Mutmaßliche Diagnose: Überempfindlichkeitsreaktion gegen artfremdes Eiweiß und gegen Medikamente

Behandlung: – Vermeidung des Nahrungsmittels oder des Medikamentes, das die Allergie vermutlich verursacht hat
– 3 x 1 Tablette Tavegil täglich, bis die Beschwerden nachlassen

– Topsym-F-Salbe mehrmals täglich dünn auf die juk-
kenden Hautstellen auftragen. Wenn diese Maßnahmen
nicht zum Erfolg führen oder wenn das Krankheitsbild
bedrohlich ist:
– 10 Stück Betnesol-WL-Tabletten in Wasser aufgelöst
trinken. Diese Behandlung darf am nächsten Tag wiederholt werden.

3. Angelhakenverletzung

Symptome: Angelhaken steckt im Fingerendglied nach mehr oder
minder erfolgreicher Suche nach frischer Nahrung auf See

Diagnose: Angelhakenverletzung

Behandlung: – Wegen der Widerhaken des Angelhakens sollte der
Haken nach Desinfektion der Haut und Entfernung evtl.
anhängender Fremdkörper sowie Gabe eines Schmerz-
mittels im Sinne der Eintrittsrichtung entfernt werden. Der
Haken wird unter der Haut weiter vorgeschoben, bis die

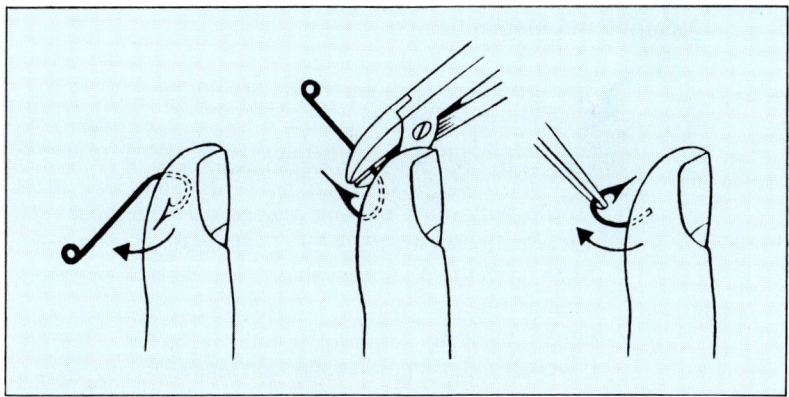

Abb. 38 Entfernen eines Angelhakens

Spitze mit einer Zange sicher faßbar ist, dann wird das Ende des Hakens abgezwickt und der verbleibende Rest in Eintrittsrichtung herausgezogen (siehe Abb. 38).

4. Asthmaanfall

Symptome: Anfallartig auftretende Atemnot mit Behinderung der **Ausatmung**. Bedrohlicher Zustand

Diagnose: Die Diagnose ist dem Patienten meist selbst bekannt.

Behandlung:
- Lagerung mit aufrechtem Oberkörper (Sitzlagerung, siehe Abb. 12)
- Berotec-Dosier-Aerosol in den Rachen sprühen
- 1 Fortecortin-Mono-Ampulle intramuskulär spritzen
- 3 x 2 Tabletten Bisolvon täglich
- Bei Fieber zusätzlich 2 x 1 Tablette Tarivid 200
- Zur Beruhigung: bei Bedarf 1 Tablette Valium 5 mg

5. Atemnot und Atemstillstand

Diagnose:
- Blauverfärbung der Lippen und der Finger
- Blauverfärbung der Haut
- Fehlende Atmung und fehlendes Heben des Brustkorbes. Normalerweise spürt ein Helfer den geringen Luftzug der Ausatemluft, wenn er seine Wange vor Mund und Nase des Verunglückten hält. Im Zweifelsfalle jedoch nicht lange prüfen, sondern sofort mit der Atemspende beginnen.
- Bewußtlosigkeit
- Erweiterte Pupillen, fehlende Lichtreaktion

Behandlung: ABC-Regel (siehe Seite 33)

6. Augenerkrankungen

6.1. Fremdkörper

Der Fremdkörper sitzt entweder auf der Bindehaut oder auf der Hornhaut. Auf der Bindehaut sitzt er meistens unter dem Oberlid und ist deshalb nicht sichtbar (siehe Abb. 39).

Symptome: Fremdkörpergefühl, Tränen

Behandlung: Oberlid über ein Zündholz nach oben klappen (Abb. 40) und mit einem feuchten Tupfer den Fremdkörper von der Bindehaut entfernen. Einfacher ist es, das Oberlid weit über das Unterlid zu ziehen, so daß der Fremdkörper durch die Wimpern des Unterlides abgestreift wird.
Ein Fremdkörper am Unterlid läßt sich durch Ziehen des Unterlides nach unten mit einem feuchten Tupfer leicht entfernen.

Ein auf der Hornhaut sitzender Fremdkörper, der sich durch den Wimpernschlag nicht von alleine löst, hat meistens zu einer Verletzung der Hornhaut geführt.

Symptome: Tränen, Reiben, Fremdkörpergefühl, selten Sehstörung

Behandlung: Gentamycin-Augensalbe in das Auge einstreichen. Soweit möglich, beide Augen schließen und den Verletzten hinlegen. Das Anlegen einer Augenklappe ist problematisch, da dann das räumliche Sehen nicht mehr vorhanden ist.

Dringlichkeit: Der Patient muß innerhalb von 36 Stunden in augenärztliche Behandlung gebracht werden.

6.2. Bindehautreizung

Häufig durch Wind und starke Sonneneinstrahlung, auch durch Salzwasser verursacht.

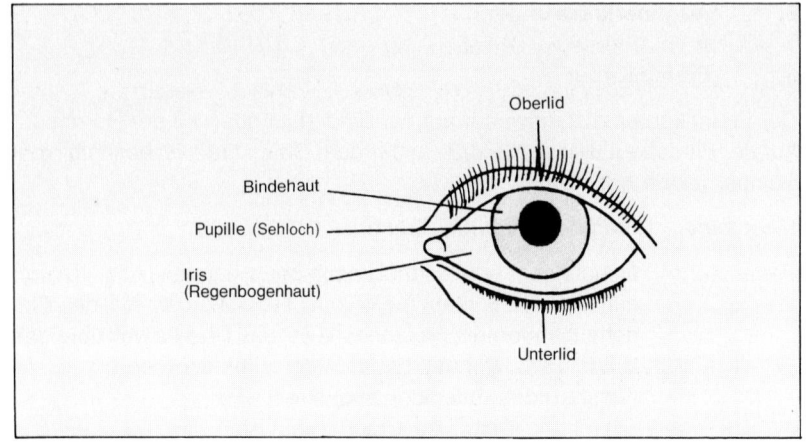

Abb. 39   Augenansicht (Hornhaut = durchsichtige, gefäßlose, über Pupille und Iris rei-chende Haut, die sehr schmerzempfindlich ist, „auch Fenster des Auges" genannt.

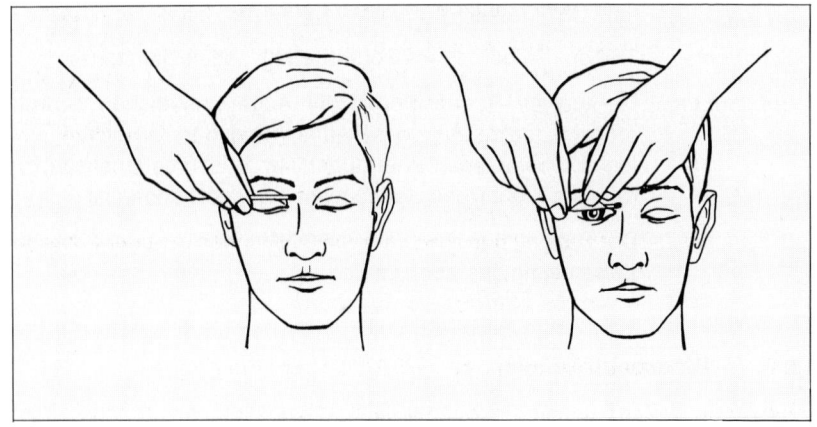

Abb. 40   Umklappen des Oberlides über ein Streichholz

Symptome: Bindehaut gerötet, starkes Brennen, Tränenfluß, evtl. schleimige Absonderung

Behandlung: – Eintropfen von Otriven-Tropfen, mindestens alle 2 Stunden 1 Tropfen
 – Verwendung einer guten, seitlich gebogenen Sonnenbrille
 – Verwendung einer Schirmmütze
 – Augen offen halten
 – Bei stärkerer, schleimiger Absonderung Gabe von Gentamycin-Augentropfen mehrmals täglich

6.3. Verblitzung (Sonnenblindheit)

Durch starke Sonneneinstrahlung verursacht.

Symptome: Schmerzen, lichtscheu, Tränenfluß, Sehverschlechterung

Behandlung: – Augen möglichst geschlossen halten
 – Ruhigstellung des Verunfallten mit 1 Tablette Valium 5 mg
 – Bettruhe
 – Gentamycin-Augensalbe dick einstreichen und alle 2 Stunden wiederholen
 – Weitere Sonneneinstrahlung unbedingt vermeiden (Aufenthalt in der Kajüte)
 – Nach 12 Stunden Behandlungsdauer ist der Verletzte in der Regel wieder einsetzbar.

Vorbeugung der Sonnenblindheit:
 – Tragen einer guten Sonnenbrille mit seitlichem Blendschutz
 – Tragen einer Schirmmütze

6.4. Verletzung der Hornhaut mit Eröffnung des Auges

Symptome: Sehverschlechterung, Pupille verzogen, oft nur geringe Schmerzen

Behandlung: — Gentamycin-Augensalbe einstreichen
— Unbedingt steriler Verband
— Kein Druck auf das Auge
— Bei starken Schmerzen 20 bis 30 Tropfen Valoron-N

Dringlichkeit: Große Dringlichkeit, Törn sofort abbrechen. Der Patient muß auf raschestem Wege in eine Augenklinik gebracht werden.

6.5. Verätzung des Auges

Durch Schmieröl, Reinigungsmittel, Farbe, Petroleum, Spiritus usw.

Behandlung: — Auge sofort mit reichlich Süßwasser wiederholt ausspülen, im Notfall kann zum Spülen auch Tee, Milch oder Bier genommen werden. Leichter ist es, den ganzen Kopf in eine Wasserschüssel zu stecken und die Augenlider weit aufzuspreizen.
— Spülung 15 Minuten lang durchführen
— Wegen der starken Schmerzen wird der Kopf des Verletzten am besten von einem Helfer gehalten. Der zweite Helfer spreizt die Augenlider und läßt die Spülflüssigkeit direkt aufs Auge laufen. Nachbehandlung mit Gentamycin-Augensalbe.

6.6. Gerstenkorn

Harmlose, eitrige Entzündung der Talgdrüse des Lides mit starker Lidschwellung, Rötung und Schmerzen, oft spontane Eiterentleerung

Behandlung: — Trockene Wärme (Heizkissen oder Tischlampe)
— Gentamycin-Augensalbe oder -Augentropfen mehrmals täglich
— Je nach Schmerzbild Benuron-Tabletten oder Valoron-Tropfen bei Bedarf

6.7. Bindehautblutung

Wird meist durch stumpfe Verletzung, bei älteren Menschen auch durch Pressen, Heben und Bücken hervorgerufen.

Harmlose Blutung unter das Weiße des Auges. Die Hornhaut ist klar, die Pupille rund und reagiert auf Lichteinfall mit Verengung (Kontrolle durch Taschenlampe). Keine Sehverschlechterung.

Eine Behandlung ist nicht erforderlich, da der Bluterguß innerhalb einer Woche abgebaut wird.

7. Bauchschmerzen

Zur Untersuchung bei Bauchschmerzen wird folgendes Vorgehen empfohlen (siehe auch Untersuchungsschema auf Seite 51):

– Den Erkrankten nach früheren Erkrankungen im Bauchraum befragen
– Den Erkrankten zur Untersuchung immer entkleiden
– Temperaturmessung im After über 5 Minuten
– Bauchraum mit angewärmten Händen abtasten. Der Erkrankte soll dabei seine Arme in entspanntem Zustand seitlich neben den Körper legen.
– Durch das Abtasten wird der Ort der stärksten Schmerzen gesucht und die Eindrückbarkeit der Bauchdecke geprüft.

7.1. Schmerzen in Oberbauchmitte

Siehe dazu Abb. 41

7.1.1. Magenschleimhautentzündung und Magengeschwür

Symptome: Schmerzen zwischen Brustbein und Nabel, evtl. krampfartig oder kolikartig, evtl. verbunden mit Schweißausbruch oder Brechreiz, manchmal mit periodischer Verstärkung. Der Bauch selbst ist meist weich und läßt sich nach Ablenkung des Kranken meist leicht eindrücken.

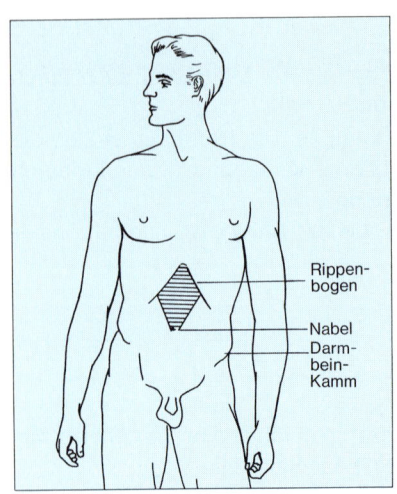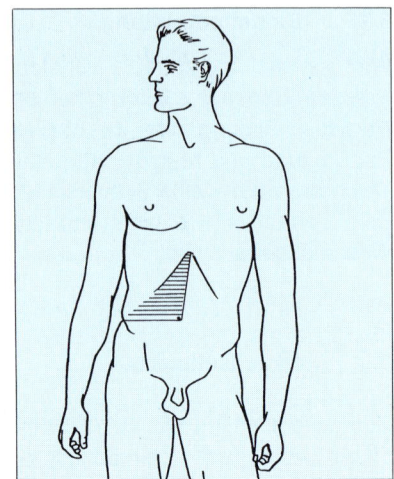

Abb. 41   Schmerz in Oberbauchmitte   *Abb. 42   Schmerz im rechten Ober-*
bauch

Behandlung: — Leichte Kost, zunächst Tee, Knäckebrot oder Zwieback
— Alkoholverbot
— Paractol, bis zu 4 x täglich 2 Tabletten zerkauen
— Benuron-Tabletten, 3 x täglich 2 Tabletten, bei sehr
starken Schmerzen Valoron-Tropfen

7.1.2.   Ausstrahlende Herzschmerzen

Siehe dazu 28., Herzschmerzen

7.1.3.   Magendurchbruch

Symptome: Plötzlich einsetzender Schmerz im Oberbauch, der oft in den
rechten Unterbauch zieht, Erbrechen, in der Krankheitsge-
schichte des Erkrankten häufig Magengeschwüre oder

Zwölffingerdarmgeschwüre, sofort bei Einsetzen der Schmerzen brettharte Bauchdecke, anfangs oft noch guter Allgemeinzustand, später Schockzeichen.

Behandlung: – Rückenlagerung mit Knierolle
    – Absolutes Eß- und Trinkverbot
    – 1 Ampulle Tramal intramuskulär
    – Sofortige ärztliche Versorgung notwendig

7.2. Schmerzen im rechten Oberbauch

Siehe dazu Abb. 42

7.2.1. Gallenerkrankung, Gallenkolik

Symptome: Dauerschmerzen oder auch kolikartige Schmerzen mit Ausstrahlung in die rechte Schulter, manchmal starke krampfartige Schmerzen mit Schweißausbruch und periodischer Verstärkung, häufig mit Brechreiz verbunden. Das Augenweiß kann gelblich verfärbt sein, der Urin ist oft dunkelbraun. Häufig tritt Übelkeit und Erbrechen auf.

Behandlung: – Nahrungsverbot für 24 Stunden
    – Bei Koliken Gabe von 3 x 1 Tablette Buscopan Plus, kann bis 3 x 2 Tabletten täglich gesteigert werden
    – Bei sehr starken Schmerzen Gabe 1 Ampulle Tramal intramuskulär
    – Nach Abklingen der Koliken für die nächsten Tage Reisschleim, Tee, Knäckebrot oder Zwieback ohne Aufstrich
    – Bei gleichzeitigem Fieber Gabe von 2 x 2 Tabletten Ceporexin 500 täglich über 5 Tage

7.2.2. Lebererkrankung – Gelbsucht

Symptome: Gelbverfärbung des Augenweiß, Gelbverfärbung der Haut, Urin dunkelbraun verfärbt. Vorausgehen können oft Diätfehler wie fette Mahlzeiten oder Pilzgenuß. Oft auftretend nach leichter Grippeerkrankung, häufig mit Fieber verbunden.

Behandlung: — 24 Stunden Nahrungsverbot, evtl. Gabe von Tee
— Dann Reisschleim, Tee und Knäckebrot ohne Aufstrich oder Zwieback
— Bei Temperatur über 38° C sofortige Gabe von 2 x 2 Tabletten Ceporexin 500 über 5 Tage

Dringlichkeit: Ärztliche Untersuchung anstreben

7.2.3. Zwölffingerdarmgeschwür oder -entzündung

Symptome: Druckschmerz rechts vom Nabel, oft Hungergefühl und mehrere Stunden anhaltende Schmerzen; typisch ist der Nüchternschmerz (meist in den frühen Morgenstunden), häufig kurzzeitige Besserung nach Nahrungsaufnahme.

Behandlung: Siehe 7.1.1., Magengeschwür

7.2.4. Nierenstein — Nierenkolik

Symptome: Sich langsam steigernde Dauerschmerzen oder plötzlich auftretende kolikartige Schmerzen (starke, krampfartige Schmerzen mit Schweißausbruch, Brechreiz und periodischer Verstärkung) mit Ausstrahlung in den Unterbauch und Hoden, bzw. die Schamlippen. Schmerzsymptomatik oft von der Flanke und vom Rücken ausgehend. Eventuell Erbrechen, manchmal rötlicher oder blutiger Urin.

Behandlung: — 3 x 1 Tablette Buscopan Plus pro Tag, Steigerung bis auf 3 x 2 Tabletten
— Bei starken Schmerzen zusätzliche Gabe von 1 Ampulle Tramal intramuskulär
— Reichliche Flüssigkeitsaufnahme (mindestens 2 Liter pro Tag)

- Feuchtwarme Umschläge auf den Leib und in den Rücken
- Bei Auftreten von Fieber Gabe von 2 x 1 Tablette Tarivid 200 pro Tag

7.3. Schmerzen im linken Oberbauch

Siehe dazu Abb. 43

7.3.1. Magengeschwür

Siehe 7.1.1.

7.3.2. Dickdarmreizung bei Durchfall oder Verstopfung

Symptome: Schmerzen können vom linken Oberbauch bis in den linken Unterbauch ziehen.

Behandlung: — Bei Durchfall siehe 11.
— Bei Verstopfung: Gabe von 1 Dragee Dulcolax abends. Die Wirkung tritt erst am nächsten Morgen ein.

7.3.3. Nierenkolik — Nierenstein

Siehe 7.2.4.

7.4. Schmerzen im rechten Unterbauch

Siehe dazu Abb. 44

7.4.1. Blinddarmentzündung

Hinweis: Ist der Blinddarm bereits entfernt? Narbe im rechten Unterbauch?

Symptome: Schmerzen beginnen meist in Oberbauchmitte, später in den rechten Unterbauch ziehend, manchmal mit Erbrechen verbunden. Hauptschmerz in der Mitte der gedachten Linie zwischen Beckenkammknochen und Nabel. Typischer

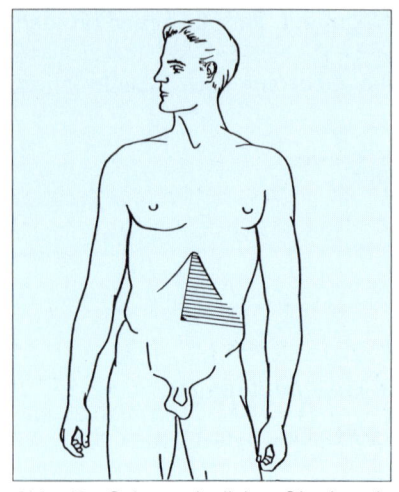
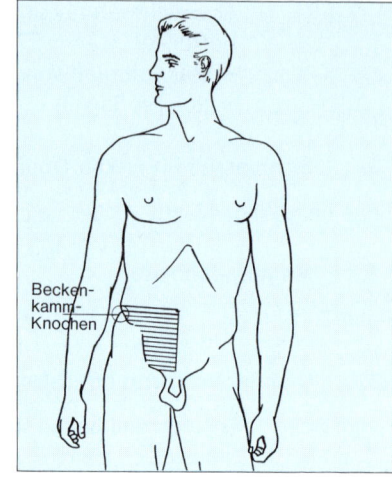

Becken-
kamm-
Knochen

Abb. 43   Schmerz im linken Oberbauch   Abb. 44   Schmerz im rechten Unter-
                                          bauch

Druckschmerz; häufig verstärken sich die Schmerzen **nach** dem Drücken auf die schmerzhafte Stelle. Temperaturmessung im After und unter der Achsel: Temperaturunterschied von mehr als 1° C spricht für Blinddarmentzündung.

Behandlung: – Kaltfeuchte Umschläge auf den rechten Unterbauch, alle 10 Minuten wechseln

Dringlichkeit: Auf schnellstem Wege ärztliche Versorgung anstreben

7.4.2.   Eierstockentzündung

Symptome: Klopfschmerz im rechten oder linken Unterbauch oder im gesamten Unterbauch, Abwehrspannung wie bei Blinddarmentzündung vorhanden, Fieber, Krankheitsgefühl, Übelkeit.
Eine Eierstockentzündung tritt häufig nach dem Geschlechtsverkehr oder nach einer Fehlgeburt auf, oft

Rückfall nach vorausgegangenen Schüben einer Eierstock-entzündung. Häufig beginnt der Rückfall mit Einsetzen der Periode.

Behandlung: – Bettruhe
– Gabe von 2 x 1 Tablette Tarivid 200 pro Tag
– Bei Fieber und Schmerzen Gabe von 3 x 2 Tabletten Benuron 500, bei starken Schmerzen Gabe von 20 bis 30 Tropfen Valoron

7.4.3. Eileiter-Schwangerschaft (Bauchhöhlen-Schwangerschaft)

Symptome: Die Periode ist ausgeblieben. Plötzlich einsetzender Unter-bauchschmerz mit baldiger Ausstrahlung in den gesamten Bauchraum. Eine leichte Blutung aus der Scheide ist charak-teristisch. Manchmal zusätzlich Schulterschmerz.

Behandlung: – 20 bis 30 Tropfen Valoron
– Bei eintretendem Schock sofort mit Schockbehandlung beginnen (siehe Kapitel 51.)

Dringlichkeit: **Auf schnellstem Wege ärztliche Behandlung anstreben!**

7.4.4. Harnleiterstein-Kolik

Symptome: Schmerzen strahlen in die Flanke und in die Hoden bzw. die Schamlippen aus.

Behandlung: Siehe Nierenkolik 7.2.4.

7.4.5. Eingeklemmter Leistenbruch

Symptome: Leistenbruch meist schon vorher bekannt. Auftreten bei schwerem Heben, Schwellung in der Leistenregion mit zunehmenden Schmerzen.

Behandlung: – Sofort extreme Beckenhochlagerung
– Kuppe des Bruchsackes mit einer Hand fassen; mit krei-senden Bewegungen unter leichtem Druck kommt es

dann unter zunächst leisem, später lautem „Gurren" zum Zurücksinken des Bruchinhalts in den Bauchraum.

– Besteht die Einklemmung **länger als 2 Stunden, sollte kein Versuch der Rückverlagerung mehr unternommen werden!**

– Bei starken Schmerzen beim Versuch der Rückverlagerung Spritzen von 1 Ampulle Valium 10 mg und 1 Ampulle Tramal intramuskulär, dann 10 Minuten warten bis zum erneuten Rückverlagerungsversuch

Dringlichkeit: Bei mißlungener Rückverlagerung auf schnellstem Wege ärztliche Behandlung anstreben.

Bei gelungener Rückverlagerung ist der Bauch des Kranken über die nächsten 5 Tage sorgfältig zu beobachten. Bei Auftreten von Bauchschmerzen rascheste ärztliche Versorgung anstreben.

7.5. Schmerzen im linken Unterbauch

Siehe dazu Abb. 45
Schmerzen im linken Unterbauch können auf folgendes hinweisen:

7.5.1. Dickdarmreizung

Siehe 7.3.2.

7.5.2. Eierstockentzündung

Siehe 7.4.2.

7.5.3. Eileiter-(Bauchhöhlen-)Schwangerschaft

Siehe 7.4.3.

7.5.4. Harnleiterstein-Kolik

Siehe 7.4.4.

7.5.5. Eingeklemmter Leistenbruch

Siehe 7.4.5.

7.5.6. Durchfall (Ruhr, Paratyphus, Typhus)

Siehe dazu 11.

7.6. Schmerzen in Unterbauchmitte

Siehe dazu Abb. 46
Schmerzen in Unterbauchmitte können auf eine Blasenentzündung hinweisen.

Symptome: Schmerzen über der Blase, verbunden mit häufigem Wasserlassen, dabei Brennen, kleine Urinmengen. Manchmal Blut-
beimengung im Urin.

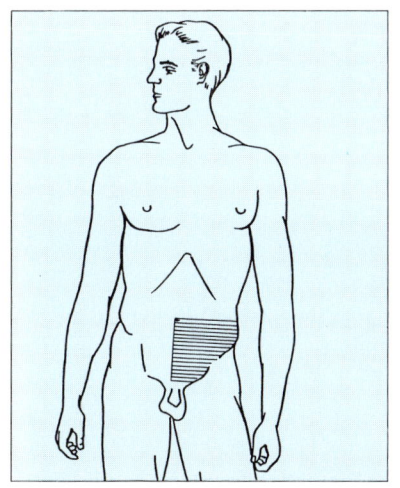 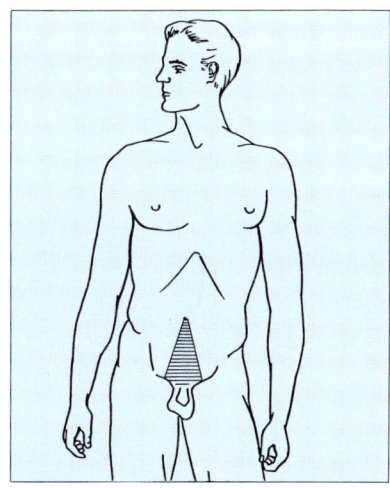

Abb. 45   Schmerz im linken Unterbauch   *Abb. 46   Schmerz in Unterbauchmitte*

Behandlung: — Gabe von reichlich Flüssigkeit (Trinkmenge: 2 Liter pro Tag, in warmen Regionen bis zu 3 Litern)
— Tarivid-200-Tabletten 2 x 1 Tablette pro Tag
— Wärme auf den Unterbauch
— Bei krampfartigen Schmerzen Gabe von 3 x 1 Tablette Buscopan Plus pro Tag

7.7. Stärkste Schmerzen im gesamten Bauchraum

Siehe dazu Abb. 47
Stärkste Schmerzen im gesamten Bauchraum können hinweisen auf:

7.7.1. Magendurchbruch

Siehe 7.1.3.

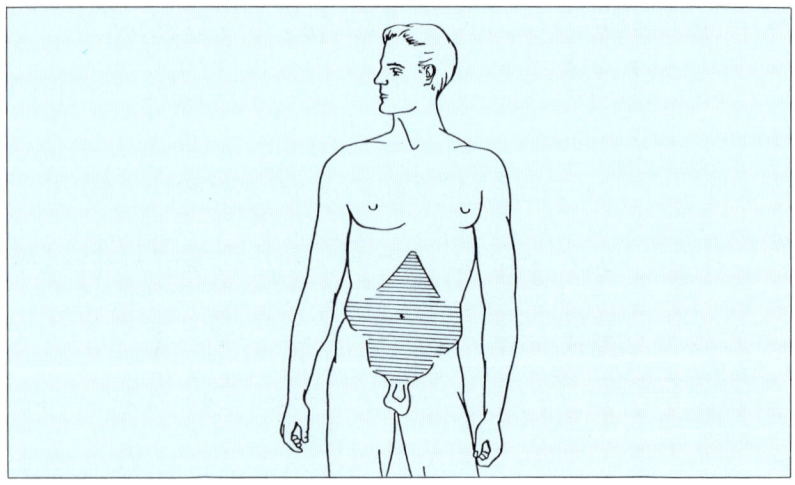

Abb. 47 Schmerz im gesamten Bauch

7.7.2. Darmlähmung – Darmverschluß

Nach früheren Erkrankungen der Bauchhöhle und Bauchoperationen kann es in späteren Jahren zum Darmverschluß kommen.

Symptome: – Stuhl- und Windverhaltung über 12 Stunden
– Plötzliches Einsetzen der Beschwerden
– Erbrechen: Zuerst Magenschleim (sauer), dann Galle und Speisereste (bitter), dann braune Flüssigkeit und Kot (faulig, stinkend)
– Stark geblähter Bauch
– Zunge trocken, belegt, borkig
– Unter Umständen Schockzustand

Behandlung: Bis zur ärztlichen Versorgung
– Feuchtheiße Umschläge auf den Leib
– 1 Ampulle Tramal intramuskulär
– Absolutes Eß- und Trinkverbot
– Rückenlagerung mit Knierolle (siehe Abb. 11)

Dringlichkeit: **Höchste Dringlichkeit, höchste Lebensgefahr!**

8. Bauchverletzung

Unfall mit Bauchbeteiligung

Ursachen: Schlag auf den Bauchraum, Sturz aus großer Höhe

Symptome: Schmerzen im Bauchraum, meist atemabhängig, zunehmende Druckschmerzhaftigkeit des gesamten Bauchraumes bis zum bretthartem Bauch, Schockzeichen

Behandlung: – Schockbehandlung ohne Flüssigkeitszufuhr
– Absolutes Eß- und Trinkverbot
– Bei starken Schmerzen Gabe von 1 Ampulle Tramal intramuskulär

Dringlichkeit: **Höchste Dringlichkeit, sofortige ärztliche Versorgung notwendig!**

9. Bewußtlosigkeit

Der Helfer muß versuchen, den Grund für die Bewußtlosigkeit zu erfahren, um eine sinnvolle Behandlung einleiten zu können. Gründe für die Bewußtlosigkeit können sein:

9.1. Schädel-Hirnverletzung

Ein Schlag gegen den Kopf oder Sturz auf den Kopf kann eine Gehirnerschütterung oder einen Schädelbruch herbeiführen. Die Unterscheidung ist am Unfallort oft nicht möglich.

9.1.1. Gehirnerschütterung

Symptome: Kurzzeitige Bewußtlosigkeit, Erinnerungslücke an den Unfall, Übelkeit, Erbrechen, evtl. Schockzustand

Behandlung: – Stabile Seitenlagerung (siehe Abb. 9), bis der Bewußtlose erwacht, dann
– Rückenlagerung mit erhöhtem Kopf (siehe Abb. 14)
– Bettruhe bis zum Abklingen der Beschwerden
– Bei Kopfschmerzen Gabe von 3 x 2 Tabletten Benuron 500 täglich

9.1.2. Schädelbruch und schwere Hirnverletzung

Symptome: Bewußtlosigkeit; kommt es nach vorübergehendem Wiedererwachen zur erneuten Bewußtlosigkeit, spricht dies für eine schwere Hirnverletzung. Manchmal Pupillen einseitig erweitert und entrundet, fehlende Lichtreaktion der Pupillen, evtl. Blutung aus den Ohren, der Nase oder dem Mund.

Behandlung: – Stabile Seitenlagerung (siehe Abb. 9)
– Schockbekämpfung (siehe Kapitel 51)
– Bei Blutfluß aus Ohr und/oder Nase Anlage eines sterilen Verbandes

- Ist dem Blut klare Flüssigkeit (Gehirnflüssigkeit) beigemengt, sofortige Gabe von 2 x 2 Tabletten Ceporexin 500 täglich
- Bei stärkeren Blutungen im Nasen-Rachenraum unbedingt auf die stabile Seitenlagerung achten, um Blutfluß in die Luftröhre zu vermeiden

Dringlichkeit: **Auf schnellstem Wege eine ärztliche Versorgung anstreben, da man sehr wenig Zeit hat, das Leben des Verletzten zu erhalten.**

9.1.3. Bewußtlosigkeit mit Fieber

Meist ist eine längere Erkrankung im Bereich des Kopfes vorausgegangen wie Kieferhöhlen-, Stirnhöhlen- oder Ohrenentzündung.

Symptome: Rasch einsetzende, starke Kopfschmerzen, Genicksteife: Der Kopf kann beim Abheben von der Unterlage nicht mit dem Kinn auf die Brust gebracht werden, Bewußtlosigkeit, vor der Bewußtlosigkeit meist starke Unruhe

Mutmaßliche Diagnose: Gehirnhautentzündung

Behandlung: – Stabile Seitenlagerung (siehe Abb. 9)
– Möglichste Ruhe für den Erkrankten
– Gabe von 4 x 2 Tabletten Ceporexin 500 pro Tag

Dringlichkeit: **Auf schnellstem Wege ärztliche Versorgung anstreben**

9.1.4. Ohnmacht

Durch langes Stehen, Anblick von Blut oder Unfallsituationen kommt es zu Regulationsstörungen in der Blutverteilung. Durch Blut- bzw. Sauerstoffmangel im Gehirn tritt kurzzeitige Bewußtlosigkeit ein.

Symptome: Kurz vor der Ohnmacht Brechreiz, Erbrechen, Kribbeln in den Händen mit Kältegefühl, Schwindelzustand, Gesicht weiß, mit kaltem Schweiß bedeckt.

In der Bewußtlosigkeit Puls langsam, Atmung beschleunigt, Bewußtlosigkeit dauert wenige Sekunden bis zu Minuten.

Behandlung: – Flachlagerung mit Hochlagerung der Beine
                     – Medikamente sind nicht notwendig

9.1.5. Bewußtlosigkeit durch Hitzeeinwirkung

Siehe 31., Hitzschlag

9.1.6. Bewußtlosigkeit durch Vergiftung mit Gasen

Siehe dazu 9. und Kapitel „Lebensrettende Sofortmaßnahmen" 10.2., Vergiftung durch Gase

9.1.7. Bewußtlosigkeit durch Herzkrankheiten

Plötzliche Bewußtlosigkeit während eines Herzinfarktes (siehe dazu 28., Herzschmerzen)

9.1.8. Bewußtlosigkeit durch Blutzuckererkrankung

Meist weiß der Betroffene, durch den regelmäßigen Medikamentengebrauch auch die Crew, vom Zuckerleiden. Bei Einnahme zu großer Dosen von Medikamenten gegen erhöhten Blutzucker oder bei zu geringer Nahrungsaufnahme kann es zur Bewußtlosigkeit kommen.

Symptome: Angst, Schweißausbruch, feuchte Haut, Herzklopfen als Vorboten der Bewußtlosigkeit; Atmung jedoch normal

Mutmaßliche Diagnose: Unterzuckerung bei Blutzuckerkrankheit

Behandlung: – Bereits bei den ersten Vorboten gezuckerten Tee zu trinken geben oder Zucker essen lassen.

10. Blutungen

Blutstillung siehe Seite 23

10.1. Bluterbrechen

Symptome: Im Schwall Erbrechen von schwarzem, Kaffeesatz-ähnlichem Blut, Druck in der Magengegend

Mutmaßliche Diagnose: Blutendes Magengeschwür

Behandlung: — Nichts essen und nichts trinken
— Topostasin, 3 x 1 Beutel in 24 Stunden
— Paraktol, 4 x 1 bis 2 Tabletten in 24 Stunden

Dringlichkeit: — Bei geringen Mengen von erbrochenem Blut und kurzzeitiger Dauer des Bluterbrechens in maximal 36 Stunden Arzt aufsuchen
— Bei wiederholtem Bluterbrechen sofort ärztliche Versorgung anstreben

10.2. Blut im Stuhl

10.2.1. Schwarzer Stuhl

Symptome: Schwarzer, flüssiger Stuhl ohne Schmerzen beim Stuhlabsetzen, evtl. Magenschmerz, frühere Magen- oder Darmerkrankungen

Mutmaßliche Diagnose: Magen- oder Darmblutung

Behandlung: — 3 x 1 Beutel Topostasin-Pulver in 24 Stunden
— 3 x 1 Tablette Buscopan Plus pro Tag bei evtl. Schmerzen

Dringlichkeit: Innerhalb 36 Stunden, bei massivem Blutabgang sofort ärztliche Versorgung anstreben.

10.2.2. Hellrotes Blut auf dem Stuhl

Symptome: Hellrotes Blut spritzerartig auf und neben dem Stuhl, Schmerzen beim Stuhlgang

Mutmaßliche Diagnose: Geplatzte Hämorrhoiden

Behandlung: Siehe Kapitel 23., Hämorrhoiden

10.3. Blut im Urin

10.3.1. Ohne Verletzung

10.3.1.1. Mit Schmerzen

Symptome: Blutiger Urin mit Schmerzen über der Blase oder in der Nierengegend, evtl. Koliken, häufiges Wasserlassen

Mutmaßliche Diagnose: Nieren- oder Harnleiterstein, Harnwegsentzündung

Behandlung: – Buscopan Plus Tabletten, 3 x 1 pro Tag, kann bis 3 x 2 Tabletten täglich gesteigert werden
               – Bei akuter Kolik mit 1 Ampulle Tramal intramuskulär beginnen
               – Bei Fieber oder Brennen beim Wasserlassen 2 x 1 Tablette Tarivid 200 pro Tag
               – Reichliche Flüssigkeitszufuhr

Dringlichkeit: Bei weiterbestehender Blutung sollte innerhalb von 36 Stunden ein Arzt erreicht werden.

10.3.1.2. Ohne Schmerzen

Symptome: Blutiger Urin ohne Schmerzen

Behandlung: Gabe von reichlich Flüssigkeit

Dringlichkeit: Bei weiterbestehender Blutung ärztliche Versorgung binnen 36 Stunden

10.3.2. Blut im Urin nach Verletzung

10.3.2.1. Schmerz in der Nierengegend

Symptome: Blutiger Urin, Schockzeichen, Schmerzen in der Flanke

Mutmaßliche Diagnose: Nierenverletzung

Behandlung: Schockbekämpfung

Dringlichkeit: Sofort ärztliche Versorgung anstreben

10.3.2.2. Schmerz im Beckenbereich

Symptome: Schmerzen über der Blase, Schwellung am Damm mit Blauverfärbung der Haut, evtl. Harnverhaltung oder Blutung aus der Harnröhre

Behandlung: – Schockbekämpfung
– Keinen Versuch der Katheterisierung

Dringlichkeit: Raschestmögliche ärztliche Versorgung anstreben

10.4. Nasenbluten

Symptome: Blutung meist aus der Nase nach außen, aber auch nach hinten über den Rachenraum. Das Blut wird verschluckt und später schwärzlich verfärbt erbrochen. Es handelt sich hier um keine Blutung aus dem Magen.

Behandlung: – Sitzen, Kopf nach vorne gebeugt (siehe Hocklagerung Abb. 13)
– Kalte Kompressen auf Nacken und Stirn
– Mit dem Daumen auf dem Nasenflügel Nasenloch über mindestens 10 Minuten zudrücken
– Bei unstillbarer Blutung festes Ausstopfen des vorderen Nasenraumes mit Gaze. Gaze mit Leukoplast über dem Nasenloch befestigen und mindestens 24 Stunden belassen.

Dringlichkeit: Bei Weiterblutung trotz der angegebenen Maßnahmen sollte innerhalb 36 Stunden ein Arzt erreicht werden.

10.5. Bluthusten

Bluthusten kann mit Verletzung, z. B. Rippenbruch, oder ohne auftreten. Es kann Folge verschiedener ernsterer Erkrankungen der Lunge sein.

Symptome: Hustenreiz, Aushusten von meist hellrotem, schaumigem, nicht geronnenem, gelegentlich mit Schleim vermischtem Blut.

Behandlung: – Halbsitzende Lagerung (siehe Abb. 12)
– Psychische Beruhigung als wichtigste Maßnahme, evtl. 1 Tablette Valium 5 mg
– Eisbeutel auf die Brust legen, ersatzweise feuchte, kalte Tücher, die ständig gewechselt werden

Dringlichkeit: Bei massiver Blutung ärztliche Versorgung sofort anstreben

11. Durchfall – Brechdurchfall

Symptome: Wässriger Stuhlgang, diffuser Bauchschmerz, häufig zusätzlich Erbrechen, Übelkeit, Fieber möglich

Merke: – An Blinddarmentzündung denken!
– Bei Erkrankung mehrerer Crewmitglieder evtl. Nahrungsmittelvergiftung
– Bei blutig-schleimigen Durchfällen evtl. Ruhr
– Bei zusätzlichen Kopfschmerzen, Muskel-, Gliederschmerz und Schnupfen evtl. Virusinfektion
– Gefährlich ist der Flüssigkeitsverlust durch den wässrigen Stuhlgang, besonders bei Kindern.

Behandlung: – Nichts essen über mindestens 24 Stunden
– Wasser- und Salzverlust ersetzen: Liquisorb-S, 4 Beutel auf 1 Liter Wasser, oder 1 Teelöffel Kochsalz auf 1 Liter Wasser in kleinen Schlucken trinken lassen
– Kohlecompretten 4 x täglich 6 Compretten in Wasser oder Tee auflösen
– Bei Fieber Gabe von 2 x 2 Tabletten Ceporexin 500 über 5 Tage
– Bei länger als einen Tag bestehendem Durchfall können 3 x 1 Tablette Metifex pro Tag gegeben werden.

– Bei Darmkrämpfen Gabe von 3 x 1 Tablette Buscopan Plus pro Tag
– Nach einem Tag Fasten Kostaufbau mit Zwieback, geröstetem Weißbrot oder Knäckebrot, Haferflockenschleim oder Reisschleim, kein Fett, kein Kristallzucker; nur Traubenzucker ist erlaubt.

Dringlichkeit: Ärztliche Versorgung anstreben, wenn durch die empfohlenen Maßnahmen der Durchfall nicht aufhört

11.1.   Durchfall infolge Virusinfektion

Symptome: Erbrechen, Durchfall unterschiedlicher Ausprägung, Muskelschmerzen, Kopfschmerzen, Schnupfen und Rachenentzündung

Behandlung: siehe dazu 11., Durchfall

11.2.   Durchfall durch Ruhrerkrankung

Siehe dazu 47., Ruhr

11.3.   Durchfall durch Typhuserkrankung

Siehe dazu 60., Typhus

12.   Ekzem

Symptome: Reizung und Rötung der Haut, teilweise Blasenbildung und Juckreiz

Behandlung: Topsym-F-Salbe 2 x täglich dünn auftragen

13.   Entzündungen der Haut und einer Wunde

Symptome: Rötung, Schwellung, Schmerzen, entzündete Stelle ist wärmer als die Umgebung

Mutmaßliche Diagnose: Furunkel, Abszeß, Wundeiterung

Behandlung:
- Ruhigstellung wie Knochenbruch (siehe Seite 60)
- Kalte Umschläge mit Wasser, nicht jedoch bei offener Wunde
- Zur Schmerzlinderung Gabe von 3 x 2 Tabletten Benuron 500 pro Tag, bei starken Schmerzen Spritzen 1 Ampulle Tramal intramuskulär
- Bei Fieber oder bei Auftreten eines rotes Strichs vom Wundgebiet zum Rumpf (im Volksmund „Blutvergiftung") Gabe von 2 x 1 Tablette Tarivid 200 pro Tag. Es handelt sich hierbei um keine lebensgefährliche Erkrankung.
- Bildet sich im Bereich der Wunde oder Haut Eiter, der nicht abfließen kann, so wird diese Stelle mit Betaisadona-Lösung abgetupft und die Eiterblase mit einer sterilen Schere oder Pinzette geöffnet und steril verbunden.

14.　Epileptische Krämpfe

Das Anfallsleiden ist dem Patienten in der Regel bekannt. Schlafentzug und Alkohol lösen oft den Anfall aus.

Symptome: Kurzdauerndes Vorstadium mit plötzlichem Kopfschmerz, Schwindel oder Druck im Bauchraum, Krampf der gesamten Muskulatur des Körpers, Bewußtlosigkeit, Atemstillstand, dann Zuckungen am gesamten Körper, Schaum vor dem Mund, Biß in die Zunge, Stuhl- und Urinabgang. Dauer meist 1 bis 2 Minuten.

Behandlung:
- Stabile Seitenlagerung (siehe Abb. 9)
- 1 Spritzampulle Valium intramuskulär. Lassen die Krämpfe nicht innerhalb von 5 Minuten nach, Spritzen einer 2. Ampulle Valium intramuskulär.
- Absolute Ruhe und ausschlafen lassen

15. Erbrechen (azetonämisch beim Kind)

Bei Kindern meist zwischen dem 3. und 12. Lebensjahr auftretend, häufig nach Ernährungsfehlern wie fette Speisen, z. B. Buttercremetorte, Mayonnaise, oder nach psychischem Trauma oder Infekt. Das Erbrechen kann bis zu 50mal am Tag erfolgen. Es entwickelt sich innerhalb kürzester Zeit ein bedrohliches Krankheitsbild.

Symptome: Azetongeruch in der Ausatemluft (obstähnlich), trockene, belegte Zunge, starker Durst, aber jeder Schluck wird wieder erbrochen.

Behandlung:
- Schnellste Behandlung ist erforderlich
- 1 Zäpfchen Peremesin sofort, auch Kleinkinder und Säuglinge in gleicher Dosierung
- 30 Minuten warten
- 2 Beutel Liquisorb-S auf 1 Liter abgekochtes Wasser, davon teelöffelweise zu trinken geben
- Später Orangensaft oder Tee mit Traubenzucker, jedoch nie mit Kristallzucker
- Wenn das Erbrechen aufgehört hat, Beginn des Kostaufbaus mit kleinsten Mahlzeiten wie Zwieback, geriebene Äpfel, Haferschleimbrei

Dringlichkeit: Läßt sich das Erbrechen mit diesen Maßnahmen nicht beherrschen, muß der Törn abgebrochen und schnellste ärztliche Behandlung angestrebt werden.

16. Ersticken

Siehe lebensrettende Sofortmaßnahmen, ABC-Regel, Seite 33

17. Ertrinken

Siehe lebensrettende Sofortmaßnahmen, ABC-Regel, Seite 33

18. Fischstich

Giftige Fischstiche sind in tropischen Küstengewässern, jedoch auch im Mittelmeer häufig.

Behandlung: — Siehe dazu 57., Spinnenbisse
— Gabe von 2 x 1 Tablette Tarivid 200 pro Tag

19. Furunkel

Gesichtsfurunkel sind wegen der Gefahr der Hirnhautentzündung sehr vorsichtig zu behandeln. Dies trifft besonders für Furunkel oberhalb der Oberlippe zu.

Symptome: Deutliche Schwellung und Rötung mit Gelbverfärbung im Zentrum, starke Schmerzen

Behandlung: — Keine Berührung, kein Ausdrücken
— Gabe von 2 x 2 Tabletten Ceporexin 500 pro Tag
— Steriler Verband
— Ruhigstellung des betroffenen Körperteils, gegebenenfalls Bettruhe
— Abwarten, bis sich Eiter spontan entleert

20. Fußpilz

Diese Erkrankung der Haut besteht meist schon vor Antritt des Törns, ohne daß man sich dessen bewußt ist. Durch Einwirken von Feuchtigkeit (z. B. Tragen von Gummistiefeln über mehrere Stunden) flammt der Fußpilz wieder auf.

Symptome: Schmerzhafte Hautrisse zwischen den Zehen, manchmal Rötung und Schwellung

Behandlung: — 2 x täglich Ampho-Moronal-Salbe dünn auftragen. Behandlung auch nach Verschwinden der Hauterscheinung noch 2 Wochen fortsetzen

    – Befallenen Hautbezirk soviel wie möglich an der Luft trocknen lassen

Vorbeugung: Füße und Zehenzwischenräume immer gut abtrocknen, atmungsinaktives Schuhwerk wie Gummistiefel vermeiden

21. Gelenkschmerzen

21.1. Akutes Rheuma

Symptome: Schwellung und Rötung verschiedener Gelenke, frühere Rheumaschübe bekannt

Behandlung: – Ruhigstellung, Schienung nicht notwendig
– Schmerzendes Gelenk warm einpacken
– Gabe von 3 x 2 Tabletten Benuron 500 pro Tag

21.2. Akute Erkältungskrankheit

Symptome: Schmerzen der Gelenke ohne Schwellung und Rötung, meist mit Kopfschmerzen und Schnupfen, evtl. auch mit Fieber verbunden

Behandlung: Gabe von 3 x 2 Tabletten Benuron 500 pro Tag

22. Grippe

Siehe dazu 21.2., Akute Erkältungskrankheit

23. Hämorrhoiden

Der häufigste Grund für das Auftreten von Hämorrhoiden ist das starke und langdauernde Pressen beim Stuhlgang.

Symptome: Schmerzen beim und nach dem Stuhlgang, hellrote Blutspritzer auf dem Stuhl, Knoten am Afterschließmuskel

Behandlung: Xylocain-Rectal-Salbe mehrmals auf den Hämorrhoidal-
knoten auftragen

24. Halsschmerzen

24.1. Schluckbeschwerden ohne Fieber

Symptome: Brennende Hals- und Schluckbeschwerden, Fremdkörpergefühl, Rachen gerötet, evtl. Schnupfen

Mutmaßliche Diagnose: Rachenentzündung

Behandlung: – Menthol comp. c. Psicaino Compretten alle 2 bis 3
Stunden 1 Pastille langsam im Mund zergehen lassen
– Reizlose Kost
– Kein Alkohol, kein Nikotin
– Bei Schnupfen Otriven-Nasentropfen alle 3 Stunden

24.2. Schluckbeschwerden mit Fieber

Symptome: Starke Schluckbeschwerden, Fieber, Mandeln geschwollen,
mit weißen Stippchen belegt, Vergrößerung der Lymph-
knoten am Unterkiefer, Krankheitsgefühl

Mutmaßliche Diagnose: Mandelentzündung

Behandlung: – 2 x 2 Tabletten Ceporexin 500 pro Tag über 5 Tage
– Bettruhe
– Kein Alkohol, kein Nikotin
– Flüssig-breiige Kost

24.3. Einseitige Schluckbeschwerden mit hohem Fieber

Symptome: Mund kann kaum geöffnet werden, stärkste Schluckbeschwerden, Nahrungsaufnahme nicht möglich, einseitige,
schmerzhafte Drüsenschwellung am Hals, meist einige Tage
vorher Mandelentzündung

Mutmaßliche Diagnose: Mandelabszeß

Behandlung: — 2 x 2 Tabletten Ceporexin 500 über 5 Tage
— Bettruhe
— Bei hohem Fieber feucht-kühle Wadenwickel, evtl. Gabe von 3 x 2 Tabletten Benuron 500 pro Tag
— Möglichst Flüssigkeitszufuhr, bzw. flüssig-breiige Kost

Dringlichkeit: Ärztliche Versorgung innerhalb 36 Stunden. Tritt Schüttelfrost auf, so besteht Lebensgefahr (Blutvergiftung), und rascheste ärztliche Versorgung ist notwendig.

25. Hauterkrankungen und Hautverletzungen

Siehe auch Kapitel Allergie, Ekzem, Fußpilz, Verbrennung, Sonnenbrand. Die Haut ist durch Sonne, Wind und Wasser besonderen Belastungen ausgesetzt. Deshalb sollte ständige Pflege der Haut selbstverständlich sein.

Sonnenbrand tritt oft unbemerkt auf, besonders wenn bei hoher Windgeschwindigkeit die Intensität der Sonnenbestrahlung nicht bemerkt wird. Durch Sonne geschädigte Haut ist um so mehr in ihrer Widerstandsfähigkeit herabgesetzt, wenn Nässe zusätzlich auf die Haut einwirkt.

Grundsätzlich ist darauf zu achten, daß Füße, Gesäß und Hände trocken bleiben. Länger einwirkende Feuchtigkeit führt zur Aufweichung der Haut, zum Eindringen von Bakterien und Pilzen (Fußpilz) und nachfolgender Entzündung.

Abtrocknen, Wechseln der Wäsche und regelmäßiges Einfetten besonders der Hände ist erforderlich.

Schrunden und Hautrisse sind nach gründlichem Abtrocknen kurz mit Betaisadona-Lösung zu betupfen und anschließend einzufetten. Kurzfristige Behandlung schmerzender Hautrisse mit Topsym-F-Salbe nach Vorbehandlung mit Betaisadona-Lösung wirkt schmerzlindernd.

26. Heiserkeit

Symptome: Heisere Stimme, kann bis zum Stimmverlust gehen, selten Schluckbeschwerden, selten Hustenauswurf

Mutmaßliche Diagnose: Kehlkopfentzündung

Behandlung: – Sprechverbot
– Heilt in 2 bis 3 Tagen ohne Behandlung ab

27. Herz- (Kreislauf-)Stillstand

Ein nicht behandelter Herz-Kreislauf-Stillstand führt innerhalb weniger Minuten zum Tod.

Symptome: Völliger Atemstillstand, Bewußtlosigkeit, Pulslosigkeit auch der Halsschlagader, weite Pupillen ohne Lichtreaktion

Behandlung: Siehe Lebensrettende Sofortmaßnahmen, ABC-Regel Seite 33

28. Herzschmerzen

Beschwerden und Schmerzen in der Herzgegend können harmlos bis lebensgefährlich sein. Eine genaue Befragung und Untersuchung des Kranken ist erforderlich. Oft ist dem Erkrankten ein Herzleiden bekannt. Wichtig ist immer das Auszählen der Pulsfrequenz in der Minute und das Feststellen der Körpertemperatur. Bei einer akuten Herzerkrankung besteht kein Fieber. Brustschmerzen mit Fieber weisen evtl. auf eine Lungenentzündung hin.

28.1. Nervöses Herzleiden

Symptome: Stechen und Schneiden in der Herzgegend, Druckempfindlichkeit der Brusthaut, auch Ausstrahlung in den linken Arm möglich, dramatische Schilderung, Pulsbeschleunigung, ausgelöst durch psychische Belastung, Wetterumschwung oder bestimmte Bewegungen.

Behandlung: – Beruhigung
– Valium 5 mg bis zu 3 x 1 Tablette pro Tag

- Bei starken Schmerzen Gabe von 20 bis 30 Tropfen Valoron
- Ausschlafen lassen

28.2. Angina pectoris – Herzkrampfanfall – Herzkranzgefäßverengung

Symptome: Enge und Druck hinter dem Brustbein, jedoch kein richtiger Schmerz, Dauer über einige Minuten (5 bis 10), ausgelöst durch körperliche Anstrengung, reichliche Mahlzeit oder Kälte, Ausstrahlung in den linken Arm, keine dramatische Schilderung wie beim nervösen Herzleiden.

Behandlung: – Eine Kapsel Nitrolingual zerbeißen, Kapselinhalt in der Mundhöhle einwirken lassen, nicht hinunterschlucken
– Ruhe

28.3. Herzinfarkt

Ein Herzschmerz, der sich auf eine Kapsel Nitrolingual nicht bessert, ist verdächtig auf einen Herzinfarkt.

Symptome: Sehr starke, unerträgliche Schmerzen über dem Herzen bis zu Vernichtungsgefühl und Todesangst, Schmerzdauer über 15 Minuten trotz Nitrolingual-Gabe, Lufthunger, oft unregelmäßiger Puls, manchmal langsame Pulsfrequenz unter 50 Schläge pro Minute, manchmal sehr schnelle Pulsfrequenz über 100 Schläge pro Minute.

Behandlung: – Lagerung mit erhöhtem Oberkörper
– Keine aktiven Bewegungen
– Zur Beruhigung Gabe 1 Valium-Spritzampulle intramuskulär
– Zur Schmerzlinderung 30 Tropfen Valoron-N auf der Zunge zergehen lassen, bei Fortbestehen der Schmerzen Spritzen 1 Ampulle Tramal intramuskulär

— Bei Kreislaufstillstand sofort nach der ABC-Regel vorgehen (siehe Lebensrettende Sofortmaßnahmen Seite 33)

Dringlichkeit: **Lebensgefahr, Törn abbrechen, sofortige ärztliche Behandlung anstreben.**

29. Hexenschuß (Lumbago)

Der Schmerz tritt meist plötzlich und schlagartig in der Lendenwirbelregion, aber auch in der Hals- und Brustwirbelregion auf

Symptome: Schonhaltung, Vorbeugung des Rumpfes, starke Schmerzen bei geringster Bewegung, verspannte, druckschmerzhafte Muskulatur der Lendenwirbelsäule

Behandlung: — Schonlagerung auf harter Unterlage mit gebeugten Knie- und Hüftgelenken (Kissen und Decken unter die Unterschenkel legen)
— Trockene Wärme auf die Schmerzzone
— Bettruhe bis zum Abklingen der Beschwerden
— Gabe von 2 x 1 Tablette Valium 5 mg pro Tag
— Gabe von 20 bis 30 Tropfen Valoron gegen die Schmerzen

30. Hitzekollaps — Hitzeohnmacht — Hitzekrampf

Ursache: Schwere Arbeit in großer Hitze

Symptome: Schwäche, Übelkeit, Erbrechen, Muskelkrämpfe von Armen, Beinen und Bauchmuskulatur, Temperatur nicht über 38° C

Behandlung: — Flachlagerung im Schatten
— Bei Erbrechen stabile Seitenlagerung (Abb. 9)
— Flüssigkeitszufuhr: 2 Beutel Liquisorb S auf ein Liter abgekochtes Wasser oder ein Teelöffel Kochsalz auf ein Liter abgekochtes Wasser schluckweise trinken lassen

– Bei fehlendem Schatten Anwendung der Sirius-Rettungsdecke (Silberfolie nach außen!)

31. Hitzschlag – Sonnenstich

Ohne gezielte Behandlung ist tödlicher Ausgang zu befürchten.

Ursachen: Hohe Luftfeuchtigkeit bei hoher Außentemperatur. Der Körper kann die Körperwärme nicht mehr an die Umgebung abführen. Häufig keine Schweißproduktion mehr.

Symptome: Trockene und heiße Haut, Kopfschmerzen, Schwindel, Schwäche bis zur Bewußtlosigkeit, Brechreiz, Erbrechen, Krämpfe, Muskelzuckungen, Temperatur erhöht über 38° C bis auf 43° C, beschleunigte Atmung, beschleunigter Pulsschlag

Behandlung: **Wichtigstes Ziel ist die Herabsetzung der Körpertemperatur.**
– Flachlagerung
– Kranken vollständig ausziehen
– Kalte Wickel um Rumpf und Gliedmaßen, alle 5 Minuten erneuern
– 1 Fortecortin-Mono-Spritzampulle intramuskulär
– Bei Krämpfen 1 Ampulle Valium intramuskulär (in die andere Gesäßseite spritzen)
– Eisbeutel auf Achselhöhlen, Ellenbeugen, Leistenbeugen
– Häufige Temperaturmessung, um den Erfolg der Maßnahmen zu kontrollieren
– Sinkt die Temperatur unter 38,5° C, Kühlungsvorgang stoppen
– Bei Atemstillstand Wiederbelebungsmaßnahmen nach der ABC-Regel einleiten (siehe Seite 33)

Dringlichkeit: **Törn sofort abbrechen, Patient muß in ein Krankenhaus.**

32.   Husten

32.1.   Husten ohne Auswurf

Symptome: Husten meist mit Schnupfen, Gelenk- und Halsschmerzen verbunden

Mutmaßliche Diagnose: Erkältungskrankheit

Behandlung: − 3 x 2 Tabletten Benuron 500 pro Tag bis zum Abklingen der Beschwerden
  − 2 x 1 Kapsel Codipront pro Tag

32.2.   Husten mit gelbem Auswurf

Symptome: Schmerzen über der Brust, meist mit Schnupfen verbunden

Mutmaßliche Diagnose: Luftröhrenentzündung, Bronchitis

Behandlung: − Reichlich Flüssigkeitszufuhr
  − 2 x 1 Kapsel Codipront pro Tag
  − Bei Fieber Gabe von 2 x 1 Tablette Tarivid 200 pro Tag

32.3. Husten mit gelbem bis grünem Auswurf

Symptome: Fieber und Brustschmerzen, Patient schwer krank, oft bläulich verfärbte Lippen, häufig Pulsbeschleunigung über 100 Schläge pro Minute, Auswurf kann sich rötlich oder rostfarbig verfärben.

Mutmaßliche Diagnose: Lungenentzündung

Behandlung: − Lagerung mit erhöhtem Oberkörper (siehe Abb. 12)
  − Reichlich Flüssigkeitszufuhr
  − Gabe von 2 x 1 Tablette Tarivid 200 pro Tag, kann bei schwerem Krankheitsbild mit hohem Fieber bis auf 2 x 2 Tabletten pro Tag gesteigert werden
  − Bei Fieber über 39°C Gabe von 3 x 2 Tabletten Benuron 500 pro Tag zur Fiebersenkung

Dringlichkeit: Ärztliche Versorgung innerhalb 24 Stunden ist angeraten.

32.4. Bluthusten nach Unfall

Mutmaßliche Diagnose: Anspießung der Lunge durch eine gebrochene Rippe

Behandlung: — Lagerung mit erhöhtem Oberkörper (siehe Abb. 12)
— Gabe von 1 Tablette Valium 5 mg
— Gabe von 20 bis 30 Tropfen Valoron gegen die Schmerzen

Dringlichkeit: Möglichst bald ärztliche Behandlung anstreben.

32.5. Bluthusten ohne Unfall

Siehe dazu 10.5.

33. Insektenstich

Behandlung: — Stachel nach Möglichkeit entfernen
— Feucht-kalte Umschläge oder Eisbeutel auf die Bißstelle
— Topsym-F-Salbe mehrmals täglich dünn auftragen
— 2 x 1 Tablette Tavegil pro Tag bei starkem Juckreiz

33.1. Insektenstich in den Mund und Rachen

Im Bereich der Weichteile des Mund- und Rachenraums kann ein Insektenstich eine starke Schwellung mit Verlegung der Atemwege hervorrufen.

Symptome: Schmerzen und Schwellung im Mund-Rachenraum, evtl. Atemnot

Behandlung: — Viel Eis lutschen lassen
— 10 Tabletten Betnesol-WL in Wasser auflösen und trinken lassen
— 1 Fortecortin-Mono-Ampulle intramuskulär spritzen
— Kalte Umschläge um den Hals

— Patienten beruhigen, gegebenenfalls 1 Tablette Valium 5 mg geben

Dringlichkeit: Rasche ärztliche Versorgung anstreben

33.2. Insektenstich-Allergie

Symptome: Ausgeprägte Umgebungsrötung der Einstichstelle, allgemeine Kreislaufreaktion mit Übelkeit, Schwindel bis zur Bewußtlosigkeit mit Schockzustand

Behandlung: — In leichteren Fällen siehe dazu 2., Allergie
— In schweren Fällen mit Kreislaufreaktion Spritzen einer Fortecortin-Mono-Ampulle intramuskulär
— Bei Bewußtlosen stabile Seitenlagerung (siehe Abb. 9)
— Bei Herz-Kreislaufstillstand Wiederbelebung nach der ABC-Regel, siehe Seite 33

34. Kater

Tritt nach übermäßigem Alkoholgenuß (vor allem von qualitativ minderwertigem Alkohol) auf.

Symptome: Kopfschmerzen, Übelkeit, Erbrechen, Schwindelerscheinungen, Sehstörungen

Behandlung: — Schlaf von mehreren Stunden
— 3 x 2 Tabletten Benuron 500 pro Tag
— Alkohol- und Nikotinverbot

35. Knochenbruch

Zur Unterscheidung zwischen Knochenbruch, Verrenkung, Verstauchung und Prellung siehe Unfall-Unterscheidungsschema auf Seite 54.

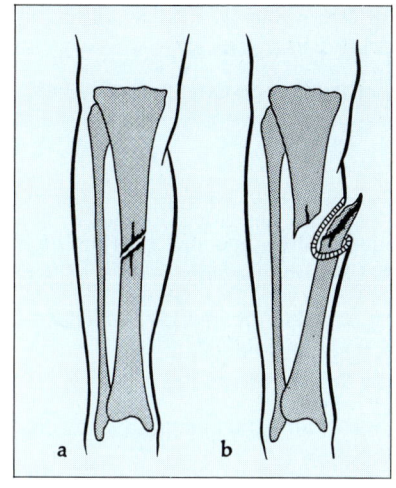

a   b

Abb. 48   Knochenbruch ohne (a) und mit Wunde (b)

35.1.   Knochenbruch ohne Wunde

Siehe Abb. 48a

Symptome: Abnorme Beweglichkeit der gebrochenen Knochenstücke, Schwellung über dem Bruch, starke Schmerzen, bei der Bewegung deutlich hörbares Knirschen und Reiben, Gliedmaßen stehen evtl. in einer unnatürlichen Stellung

Behandlung: – Schockbekämpfung
– Schienung und Ruhigstellung (siehe Seite 60)
– Schmerzbekämpfung: 30 bis 40 Tropfen Valoron N 3 – 4 x täglich, bei starken Schmerzen Gabe 1 Spritze Tramal intramuskulär
– Bei deutlich sichtbarer Fehlstellung der Bruchenden sollten diese unter Zug in die natürliche Stellung gebracht und in dieser Position geschient werden.
– Nach der Schienung ist die Durchblutung der gebrochenen Gliedmaße immer wieder zu kontrollieren (Blau-

verfärbung von Zehen oder Fingern, Pelzigkeitsgefühl), festschnürende Verbände sind zu lockern.

Dringlichkeit: Ärztliche Behandlung innerhalb von 36 Stunden anstreben.

35.2. Knochenbruch mit Wunde

Siehe dazu Abb. 48 b

Symptome: Wie bei Knochenbruch ohne Wunde, jedoch Wunde im Bruchbereich, evtl. Herausragen von Knochenteilen

Behandlung: — Wie bei Knochenbruch ohne Wunde, jedoch zusätzlich:
— Wunde nicht säubern, nur steril abdecken
— Gabe von 2 x 1 Tablette Tarivid 200 pro Tag

Dringlichkeit: Wegen der Gefahr der Knochenmarksentzündung baldige ärztliche Behandlung anstreben

36. Kopfschmerzen

36.1. Schädel-Hirn-Verletzung

Symptome: Kopfschmerzen, häufig verbunden mit Übelkeit und Brechreiz, Schwindelgefühl, vorausgegangene Kopfverletzung

Mutmaßliche Diagnose: Gehirnerschütterung

Behandlung: — Bettruhe
— Lagerung mit erhöhtem Kopf
— Zur Schmerzlinderung Gabe von 3 x 2 Tabletten Benuron 500 pro Tag

Dringlichkeit: Bei Kopfschmerzen nach Kopfverletzung mit zunehmender Benommenheit und schließlich Bewußtlosigkeit sofortige Versorgung durch einen Arzt anstreben

36.2. Kopfschmerzen mit Fieber, ohne steifes Genick

Symptome: Kopfschmerz, eitriger Nasenfluß nach vorausgegangenem Schnupfen

Mutmaßliche Diagnose: Nasennebenhöhlen-Entzündung bzw. -eiterung (Kieferhöhlen-Entzündung)

Behandlung: – Gabe von 2 x 2 Tabletten Ceporexin 500 pro Tag
            – Otriven-Tropfen, alle 3 Stunden 1 Tropfen in jedes Nasenloch
            – Kopfdampfbäder

Dringlichkeit: Bei Schwellung eines oder beider Augenlider besteht Lebensgefahr, dann sofort ärztliche Versorgung anstreben.

36.3. Kopfschmerzen mit Fieber und steifem Genick

Symptome: Fieber, steifes Genick, Benommenheit. Diese Symptome können plötzlich auftreten, häufig jedoch im Anschluß an Nasennebenhöhlen-Entzündung oder Gesichtsfurunkel.

Mutmaßliche Diagnose: Gehirnhautentzündung

Behandlung: – Gabe von 2 x 2 Tabletten Ceporexin 500 täglich. Dosis kann bis auf 4 x 2 Tabletten täglich gesteigert werden.
            – Bettruhe

Dringlichkeit: **Wegen Lebensgefahr sofortige ärztliche Versorgung anstreben**

36.4. Kopfschmerzen unterschiedlicher Ursachen

36.4.1. Migräne

Migräne-Anfälligkeit dem Patienten meist bekannt

Symptome: Einseitiger Kopfschmerz mit Flimmern vor den Augen, evtl. Erbrechen

Behandlung: — Flachlagerung
— Bettruhe, wenn möglich in verdunkelter Kajüte
— Gabe von 3 x 2 Tabletten Benuron 500, bei stärkeren Kopfschmerzen Gabe von 3 x 20 bis 30 Tropfen Valoron pro Tag

36.4.2. Übermäßiger Alkoholgenuß

Siehe dazu 34., Kater

37. Krämpfe

37.1. Krämpfe beim Kind

Starkes, anhaltendes Erbrechen oder Fieber können beim Kind Krämpfe auslösen.

Behandlung: — Gabe 1 Valium-Spritzampulle intramuskulär. Man gibt 1 mg Valium pro kg Körpergewicht des Kindes. 1 Ampulle enthält 10 mg in 2 ml.
— Bei Fieber Gabe von 1 Tablette Benuron 500 beim Schulkind, Kleinkindern wird eine halbe Tablette gegeben.

— Bei Fieber wird zusätzlich 2 x 1 Tablette Ceporexin 500 pro Tag verabreicht.
— Bei Erbrechen Gabe eines Peremesin-Zäpfchens
— In krampffreier Phase vorsichtige Gabe von Tee mit Traubenzucker

Dringlichkeit: Rasche ärztliche Versorgung

37.2. Krämpfe beim Erwachsenen

Ursachen: Epilepsie (meist bekannt), siehe dazu 14.
Tetanie, siehe dazu 59.
Entzündungen und Reizungen des zentralen Nervensystems, siehe dazu 9.1.3. und 36.3.

Schädel-Hirn-Verletzungen, siehe dazu 9.1.
Unterzuckerung bei Zuckerkrankheit, siehe dazu 9.1.8.

Behandlung: Je nach Ursache verschieden. Siehe bei dem jeweiligen Abschnitt.

38. Kreislauf-(Herz-)Stillstand

Siehe Herzstillstand 27. und Lebensrettende Sofortmaßnahmen (Seite 33)

39. Lippenbläschen – Herpes labialis

Infolge starker Sonneneinstrahlung oder bei Fieber auftretende Bläschen

Symptome: Schmerzhafte, stecknadelkopf- bis pfefferkorngroße Bläschen, die auf den Lippen und um die Lippen herum bis zu Markstück-Größe entstehen können.

Behandlung: Bei Auftreten der ersten Anzeichen, wie Spannungsgefühl der Lippen, mehrmals täglich Zovirax-Creme dünn auftragen. Sind die Blasen bereits entstanden, nützt die teure Creme nichts mehr.

Vorbeugung: Bei bekannter Anfälligkeit Abdecken der Lippen mit Labiosan-Salbe oder Fettstift (Lippenstift, Zink).

40. Nahrungsmittelvergiftung

Hervorgerufen durch verdorbene Nahrungsmittel. Sind Nahrungsmittel verdorben, so hilft auch Abkochen nicht gegen die Infektion!

Symptome: Kurz nach der Nahrungsaufnahme bis zu einigen Stunden später kommt es zu Speichelfluß, Übelkeit, Erbrechen, Leibschmerzen und starken Durchfällen; Fieber fehlt meistens. In der Regel sind alle erkrankt, die das verdorbene Nahrungsmittel gegessen haben. Bei Fieber an Paratyphus oder Typhus denken (siehe dazu 11.).

Behandlung: Siehe dazu Lebensrettende Sofortmaßnahmen 10.1.

41. Nasenbeinbruch

Durch Sturz oder Schlag auf die Nase kommt es zum Bruch.

Symptome: Starke, aber rasch stehende Blutung, äußere Nase im oberen Anteil beweglich, äußere Nase kann seitlich verschoben werden.

Behandlung: − Bei gerader, nicht verschobener Nase, keiner Wunde, Eisbeutel auflegen oder kühle Umschläge
− Bei verschobener Nase sofort mit Daumendruck Nase gerade richten (kurzzeitig auszuhaltender Schmerz!)
− Wunde mit Hansaplast verbinden

42. Ohrenschmerzen

42.1. Schmerzen im Bereich des äußeren Gehörgangs

Symptome: Am Gehörgangseingang oder im Bereich der Ohrmuschel starke Schmerzen, Rötung und Schwellung

Mutmaßliche Diagnose: Gehörgangsfurunkel oder Gehörgangsentzündung

Behandlung: − Gabe von 2 x 2 Tabletten Ceporexin 500 pro Tag
− Einsetzen eines dick mit Volon-A-Tinktur getränkten Wattebausches in das Ohr, Wechsel alle 24 Stunden
− Zur Schmerzlinderung Gabe von 30 bis 40 Tropfen Valoron N 3 x am Tag, bei sehr starken Schmerzen Gabe von 1 bis 2 Ampullen Tramal intramuskulär pro Tag
− Möglichst keine Mundbewegungen, nicht sprechen und nicht kauen

42.2. Schmerzen im Bereich des Mittelohres

Symptome: Stechender Schmerz, evtl. klopfend in der Tiefe, nach mehreren Stunden evtl. Eiterfluß aus dem Ohr

Mutmaßliche Diagnose: Mittelohrentzündung, Mittelohreiterung

Behandlung:
- Keine Ohrentropfen verwenden, da Erkrankungsherd hinter dem Trommelfell liegt
- 2 x 2 Tabletten Ceporexin 500 pro Tag über 5 Tage
- 3 bis 4 Tropfen Otriven alle 4 bis 5 Stunden in die Nase eintropfen, da eine Mittelohrentzündung meist über Nasenschleimhaut-Entzündung entsteht
- Wärme aufs Ohr
- Bei starken Schmerzen 20 bis 30 Tropfen Valoron N höchstens alle 4 bis 5 Stunden
- Keine Watte in den Gehörgang einführen
- Bei Fieber Bettruhe

42.3. Ohrenschmerzen mit schwerem Krankheitsgefühl

Symptome: Ohrenschmerzen mit Schwindel, Erbrechen, Kopfschmerz, Ohrensausen, Schüttelfrost, druckschmerzhafte Schwellung hinter dem Ohr und abstehende Ohrmuschel. Diese Symptome können einzeln oder auch zusammen auftreten.

Mutmaßliche Diagnose: Mittelohreiterung oder Mittelohreiterung mit Gehirnhautentzündung

Behandlung: Siehe Kapitel 42.2.

Dringlichkeit: Auf schnellstem Wege ärztliche Versorgung anstreben

43. Prellung

Zur Unterscheidung zwischen Knochenbruch, Verrenkung, Verstauchung und Prellung siehe Unfall-Unterscheidungsschema auf Seite 54

Symptome: Schwellung über den geprellten Stellen mit Blauverfärbung der Haut, Bewegungseinschränkung des verletzten Körperteils, Belastung meist jedoch möglich, Knochenbruchzeichen fehlen

Behandlung: — Ruhigstellung
— Feucht-kalte Umschläge, oft erneuern
— Lasonil-Salbenverband

44. Quallenberührung

Symptome: Brennende Rötung dort, wo die Qualle den Körper berührt hat

Behandlung: — Bad der befallenen Stelle in mit Wasser verdünnter Salmiakgeist-Lösung (Ammoniak-Lösung)
— Steht kein Salmiakgeist zur Verfügung, betroffene Stelle mit frischem Urin abspülen
— Anschließend Desinfektion der betroffenen Hautpartien mit Betaisadona-Lösung und Auftragen von Topsym-F-Salbe mehrmals täglich
— Gabe von 3 x 1 Tablette Tavegil pro Tag
— Bei schwerer Kreislaufreaktion Gabe einer Fortecortin 40-Mono-Ampulle intramuskulär

45. Quetschungen

Schwere Quetschungen im Bereich der Gliedmaßen können auch ohne äußere Verletzungen vorkommen.

Symptome: Blauverfärbung der Haut mit Schwellung über den gequetschten Stellen, Bewegungseinschränkung des betroffenen Körperteils, fehlende Knochenbruchzeichen

Behandlung: — Schockbekämpfung (siehe Kapitel 51)
— Ruhigstellung und Schienung

– Zur Schmerzlinderung Gabe von 20 bis 30 Tropfen
Valoron höchstens alle 4 bis 5 Stunden
– Wundversorgung wenn erforderlich

46. Regelblutung

Hält die normale Regelblutung verstärkt nach dem 10. Tag an, so kann sie durch Primosiston, 3 x 1 Tablette pro Tag, über weitere 10 Tage eingenommen, zum Stillstand gebracht werden. 4 bis 5 Tage nach der letzten Tabletteneinnahme tritt eine neue Regelblutung ein.

47. Ruhr

Symptome: Schleichender Beginn mit geringem oder fehlendem Fieber, allmählich zunehmende, blutig-schleimige Durchfälle, Darmkrämpfe

Behandlung: – Siehe bei Durchfall Kapitel 11.
    – Zusätzlich Tarivid 200 2 x 1 Tablette pro Tag

48. Schiffskoller

Durch das enge Zusammenleben an Bord, besonders bei psychisch belastenden Situationen, kann ein sogenannter „Schiffskoller" entstehen.

Symptome: Platzangst, Unruhe, unsinnige Ideen usw.

Behandlung: – 3 x 2 Tabletten Valium 5 mg pro Tag. Der Erkrankte fällt dadurch weitgehend als aktives Crewmitglied aus.
    – In weniger starken Fällen 2 x 1 Tablette Valium 5 mg

49. Schlaflosigkeit

Meist infolge Angst oder Nervosität

Behandlung: — 1 bis 2 Tabletten Valium 5 mg vor dem Schlafengehen
— Nachmittagsschlaf oder Strandschlaf vermeiden

50. Schlangenbiß

Symptome: Bißmarke meist am Fuß oder Unterschenkel: 2 kleine, nebeneinander liegende Bißwunden, rasch zunehmende Schwellung des betroffenen Körperteils, später Auftreten von Müdigkeit, Bewußtseinstrübung, Herz-Kreislauf-Störung

Behandlung: — Strenge Vermeidung aktiver Bewegungen, um Giftausbreitung durch Bewegung nicht zu beschleunigen
— Stauung der betroffenen Gliedmaße mit Gummibinde oder Dreiecktuch herzwärts der Bißstelle, Puls muß tastbar bleiben
— Tiefer Kreuzschnitt mit sterilem Messer über der Bißstelle, so daß das Gift mit der Blutung wieder ausgeschwemmt wird
— Anfänglich kein Verband zur Blutstillung, da Blutung erwünscht

Dringlichkeit: **Bei Auftreten von starker Schwellung, Müdigkeit, Bewußtseinstrübung, Atem- und Herzbeschwerden, so schnell wie möglich ärztliche Versorgung anstreben!**

51. Schock

Symptome: Kühle, feuchte, blaß-bläuliche bis fahl-graue Haut, schneller, schlecht tastbarer Puls (über 100 Schläge pro Minute), Unruhe, Ängstlichkeit, später Schläfrigkeit bis Bewußtseinstrübung, flache Atmung

Behandlung: Siehe Lebensrettende Sofortmaßnahmen, 5.2. bis 5.2.9.

52. Schüttelfrost

Symptome: Heftiges, nicht unterdrückbares Schütteln der Gliedmaßen mit starkem Gefühl des Frierens, nicht Frösteln oder Gänsehaut.

52.1. Schüttelfrost bei Unterkühlung

Behandlung: Siehe Lebensrettende Sofortmaßnahmen, 8.1.

52.2. Schüttelfrost als Verschlimmerung einer vorbestehenden Erkrankung

Mutmaßliche Diagnose: Bakterieneinbruch in die Blutbahn mit einsetzender Blutvergiftung

Behandlung: – Gabe von 2 x 1 Tablette Tarivid 200 pro Tag
   – Bei Schüttelfrost über 10 Minuten Gabe 1 Spritzampulle Valium intramuskulär

Dringlichkeit: Bei einmaligem Schüttelfrost ärztliche Versorgung innerhalb von 24 Stunden anstreben, **bei mehrmals auftretendem Schüttelfrost akute Lebensgefahr, rascheste ärztliche Versorgung notwendig!**

53. Seeigelstiche

Schmerzhafte Wunden treten auf, wenn die Stacheln mit ihren Kalkspitzen abbrechen und in der Haut stecken bleiben.

Behandlung: – Betroffenen Bezirk mit Betaisadona-Lösung abtupfen
   – Mit einer sterilen Kanüle (Injektionsnadel) wird die Haut leicht unterfahren und der Stachel mit einer sterilen Pinzette vorsichtig herausgezogen, evtl. Splitterpinzette verwenden. Seeigelstacheln lassen sich oft nicht in einem Stück herausziehen, da sie abbrechen. Wasserfestes Heftpflaster oder Tesastreifen darüber kleben. Nach

wenigen Tagen ist die Haut aufgeweicht. Beim Abziehen des Pflasters löst sich der Stachel zusammen mit Teilchen der aufgeweichten Haut ab.
- Anschließend die Wunde wieder mit Betaisadona-Lösung abtupfen
- Verband anlegen
- Bei Entzündung siehe Kapitel 13
- Bei Schmerzen Gabe von 20 bis 30 Tropfen Valoron N, alle 6 Stunden wiederholbar

54. Seekrankheit

Symptome: Schwindel, Übelkeit, Brechreiz, Erbrechen

Behandlung:
- Individuell bewährte und erprobte Mittel einsetzen
Sonst:
- Bei bekannter Anfälligkeit gegen Seekrankheit vor dem Auslaufen Gabe von 2 Tabletten Cinnarizin
- Bei Kindern Dosisreduzierung der Cinnarizin-Tabletten (siehe Kapitel Bordapotheke, 5.)
- Peremesin-Zäpfchen (nicht für Kinder unter 12 Jahren), machen müde
- Scopoderm TTS-Pflaster. Beste Wirkung ist gegeben, wenn es hinter dem Ohr 4 bis 6 Stunden vor Auslaufen angebracht wird, schwächere Wirkung, wenn es erst bei Auftreten der Seekrankheit angebracht wird. Wirkung des aufgeklebten Pflasters hört nach 72 Stunden auf. Eventuell neues Pflaster am anderen Ohr verwenden.
Nebenwirkungen: Mundtrockenheit, Sehstörung (Navigation!), Schläfrigkeit
- Ruhigsten Platz auf dem Boot suchen und auf den Horizont schauen, gleichzeitig tief durchatmen
- Leichte Arbeiten zur Ablenkung geben (z. B. Rudergehen)

- Kein Alkohol, leichte Kost, trockene Kekse mit etwas Schokolade, gut durchkauen
- Bei stärkeren Beschwerden nochmalige Gabe von 2 Tabletten Cinnarizin, bei Erbrechen Peremesin-Zäpfchen
- Bei schwerster Seekrankheit können Selbsttötungsgedanken auftreten. In diesen Fällen Anschnallen des nun seelisch Erkrankten erforderlich, dann auch Gabe 1 Valium-Spritzampulle intramuskulär.

55. Skorpionstich

Diese Nachttiere verstecken sich in Felsspalten, unter Steinen, auch in Schränken, Schlafsäcken oder abgestellten Schuhen.

Symptome: Meist schmerzhafte Schwellung mit Rötung an der Stichstelle, oft Frösteln, Kopfschmerz, Schwindel, Angstzustände, Kollaps. Der Stich mancher Arten kann lebensgefährliche Kreislaufreaktionen hervorrufen.

Behandlung: Siehe dazu 57., Spinnenbisse

56. Sonnenbrand

Symptome: Starke Rötung und Spannen der Haut, Berührungsempfindlichkeit der Haut, evtl. Blasenbildung

Behandlung:
- Weitere Sonneneinstrahlung unbedingt vermeiden
- Betroffene Hautpartien mehrmals täglich mit Topsym-F-Salbe einreiben
- Feucht-kühle Umschläge der betroffenen Hautpartien, nicht jedoch bei Blasenbildung
- Reichlich Flüssigkeitszufuhr
- Bei Blasenbildung Behandlung siehe Lebensrettende Sofortmaßnahmen, 9., Verbrennung

– In **schweren Fällen bei starken Schmerzen** 10
Tabletten Betnesol-WL in Wasser gelöst zu trinken geben

Vorbeugung: Sonnencreme mit Lichtschutzfaktor nicht unter LSF 10 verwenden. Vor allem auf See empfiehlt sich eine wasserfeste Creme, Schutz der Lippen durch Fettstift, Lippenstift oder Labiosan, ausreichende Bekleidung, Kopfbedeckung sowie Sonnenbrille.

57. Spinnenbisse

In tropischen Ländern und Mittelmeerländern sind nur wenige stark giftige Arten bekannt.

Symptome: Frische Bißstelle wie feiner Nadelstich. Manchmal nur geringe Schwellung bei sehr starken Schmerzen. Rasches Auftreten von Allgemeinsymptomen wie Frösteln, Kollaps mit Schweißausbrüchen, Angstzuständen.

Behandlung: – Eintauchen der Bißstelle in heißes Wasser, so heiß wie eben erträglich. Bißstelle zur Verhütung von Verbrühungen wieder aus dem heißen Wasser entfernen. Bei erneutem Auftreten von Schmerzen Bißstelle abermals in heißes Wasser halten.
– 3 x 1 Tablette Tavegil pro Tag
– Bei Kreislaufreaktionen (Übelkeit, Erbrechen, Schwindel, usw.) Gabe 1 Fortecortin-Mono-Ampulle intramuskulär

Dringlichkeit: Rasche ärztliche Versorgung anstreben

58. Stuhlverstopfung

Die Umstellung der Eßgewohnheiten kann zu Stuhlverstopfung führen. Durch schlackenreiche Kost (Vollkornbrot, reichlich Obst und Gemüse) und reichliche Flüssigkeitszufuhr sowie ausreichende Bewegung kommt es meist wieder zu regelmäßiger Stuhlentleerung. Bei mehrtägiger Verstopfung abends 1 Dragee Dulcolax einnehmen. Der Stuhlgang kommt dann am nächsten Morgen.

59. Tetanie (Hyperventilationstetanie)

Infolge von Aufregungen auftretende Krämpfe, besonders in den Händen, verbunden mit beschleunigter und vertiefter Atmung.

Symptome: Beschleunigte und vertiefte Atmung, ohne vorausgegangene körperliche Anstrengung, Taubheitsgefühl und Kribbeln in den Händen und Füßen, ausgeprägtes Angstgefühl, Krämpfe besonders in den Händen mit „Pfötchenstellung"

Behandlung:
– Beruhigung des Kranken
– Aufforderung zum ruhigen Durchatmen
– In eine Plastiktüte atmen lassen, bis die Krämpfe oder das Kribbeln nachlassen
– Evtl. Gabe 1 Valium-Spritzampulle intramuskulär

60. Typhus

Vorkommen des Erregers überall, gehäuft aber in Ländern mit mangelnder Wasser- und Wohnhygiene. Das Bakterium wird von Mensch zu Mensch übertragen und kann in Wasser, Eis, Staub und ausgetrockneten Wasserkanälen wochenlang lebensfähig bleiben.

Symptome: Langsame Entwicklung des Krankheitsbildes mit Gliederschmerzen, Kopfschmerzen, Appetitlosigkeit, Bronchitis. Es kann Durchfall oder aber Verstopfung bestehen. 2 Tage steigt das Fieber, hält sich dann weitere 7 Tage auf gleichmäßiger Höhe zwischen 39°C und 40°C und fällt schließlich langsam wieder ab. Gegen Ende der 2. Erkrankungswoche Ausbildung kleiner rötlicher Flecken auf der Bauchhaut.

Behandlung: – Siehe 11., Durchfall – Brechdurchfall
               – Gabe von 2 x 1 Tablette Tarivid 200 pro Tag

Dringlichkeit: **Sofortige ärztliche Behandlung wegen Lebensgefahr!**

61. Unterkieferverletzung

Symptome: Unterkiefer weichen beim Öffnen und Schließen nach einer Seite stark ab, oder die gebrochenen Unterkieferhälften sind gegeneinander beweglich. Vollständiger Zahnschluß beim Zusammenbeißen nicht möglich, Kauen nicht möglich.

Behandlung: – Ruhigstellen durch Verband (Kinnschleuder, siehe Abb. 22, Seite 58)
               – Flüssig-breiige Kost

62. Unterkühlung

Siehe Lebensrettende Sofortmaßnahmen, 8., Unterkühlung

63. Verbrennung

Siehe Lebensrettende Sofortmaßnahmen , 9., Verbrennung

64. Verrenkung

Zur Unterscheidung zwischen Knochenbruch, Verrenkung, Verstauchung und Prellung siehe Unfall-Unterscheidungsschema auf Seite 54

Symptome: Schmerzen im Bereich des betroffenen Gelenkes, federnde Fixierung des Gelenkes, Lücke im Bereich der Gelenkpfanne tastbar, der dazugehörige Knochen steht neben dem Gelenk, Knochenbruchzeichen fehlen.

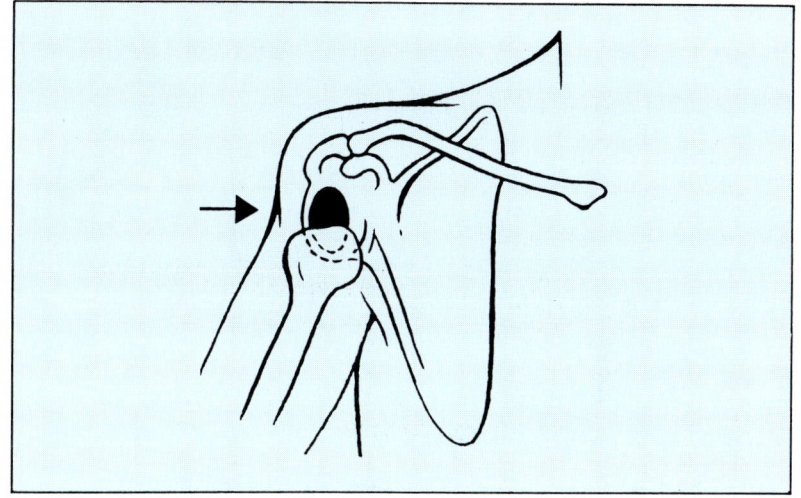

Abb. 49a   Verrenkung des Schultergelenkes

Behandlung: – Schulter- und Fingerverrenkungen können von einem in Erster Hilfe Erfahrenen durch langsamen, gleichmäßig zunehmenden Zug auf den ausgerenkten Knochen in Richtung der Knochenachse eingerichtet werden. Die Chancen des Einrenkens ohne größere Hilfsmittel sind nur kurze Zeit nach dem Unfall günstig.

       – Einrenken des Schultergelenkes: ca. 20 min nach Gabe von 1 Ampulle Valium und 1 Ampulle Tramal intramuskulär. Patienten hinlegen. Der Helfer stützt seine Ferse in der Achselhöhle des Patienten ab. Über 10 min nun stetig zunehmender Zug am verrenkten Arm, dann langsam Arm unter Zug an den Körper heranführen. Mit deutlichem Geräusch springt der Oberarmkopf in seine Pfanne zurück. 2wöchige Ruhigstellung erforderlich.

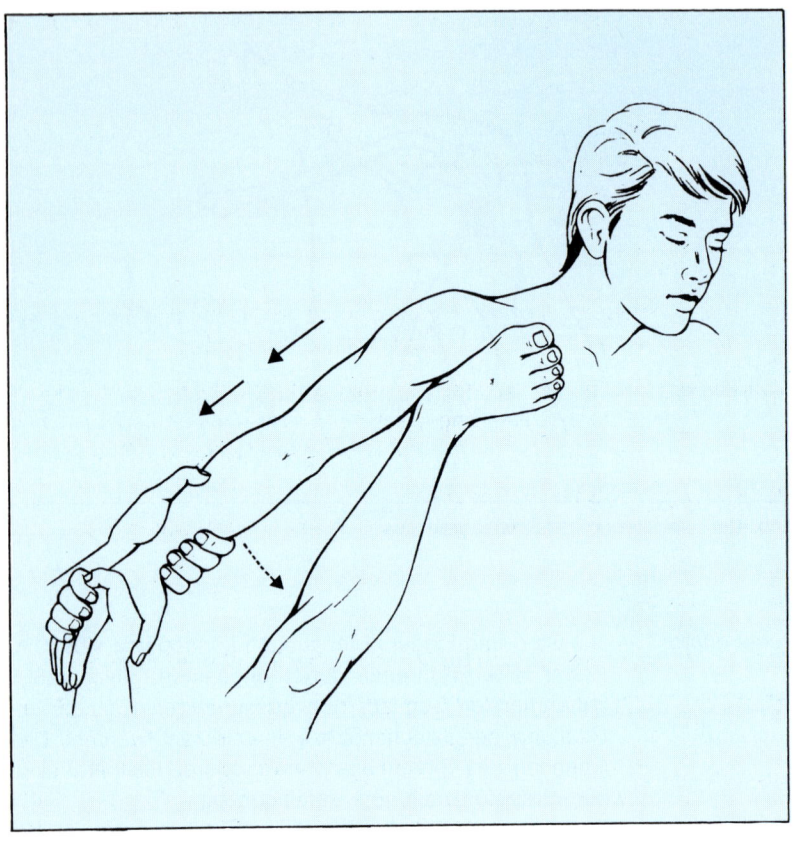

Abb. 49b   Einrenken des Schultergelenkes

— Bei Knochenbruchzeichen Einrenkversuche unterlassen, Ruhigstellung der Extremität und baldige ärztliche Hilfe anstreben.
— Überprüfung von Durchblutung und Gefühl in der verrenkten Gliedmaße

– Ruhigstellung der Gliedmaße durch Schienung auch nach erfolgreicher Wiedereinrenkung
– Schockbekämpfung, wenn notwendig

Dringlichkeit: Nicht eingerenkte Gelenke müssen innerhalb von 12, höchstens jedoch 18 Stunden einer ärztlichen Versorgung zugeführt werden.

65. Verstauchung

Zur Unterscheidung zwischen Knochenbruch, Verrenkung, Verstauchung und Prellung siehe Unfall-Unterscheidungsschema auf Seite 54

Symptome: Sofortige starke Schwellung des Gelenks nach dem Unfall, Beweglichkeit eingeschränkt, aber nicht aufgehoben, starke Schmerzhaftigkeit, keine abnorme Stellung der Knochen.

Behandlung: – Siehe 43., Prellung
– Nach Abschwellen Anlegen einer elastischen Binde

66. Wunden

66.1. Abschürfung und nichtklaffende oberflächliche Wunde

Behandlung: Oberflächliche Hautabschürfungen werden mit Betaisadona-Lösung desinfiziert und gereinigt, bei kleineren Wunden offene Behandlung zur Austrocknung, bei größeren Wunden Hansaplast-Verband oder steriler Verband nach Auflage von Betaisadona-Salbe.

66.2. Klaffende, kleine Wunden

Symptome: Wundränder gehen beim Auseinanderziehen in die Tiefe

Behandlung: – Reinigung der Wunde mit Betaisadona-Lösung
– Zusammenziehen der Wundränder mit Heftpflaster
– Verband

66.3. Größere Wunden

Symptome: Gelappte, zerfetzte Wundränder, in die Tiefe reichend

Behandlung: – Wundversorgung siehe Seite 55
– Ruhigstellung und Schienung
– Zur Schmerzlinderung Gabe von 20 bis 30 Tropfen Valoron N

Dringlichkeit: Klaffende, durch Heftpflasterzug nicht zusammenziehbare Wunden sowie große Wunden müssen innerhalb von 6 bis 8 Stunden einer ärztlichen Behandlung zugeführt werden.

66.4. Schlecht heilende Wunden

Behandlung: – Betaisadona-Salbe auf die Wunde auftragen
– Wundverband
– Ruhigstellung und Schienung

66.5. Wundentzündung und Wundeiterung

Siehe dazu 13., Entzündung der Haut

Symptome: Stechender, klopfender Schmerz in der Wunde, Wundränder gerötet und aufgeworfen

Behandlung: – Ruhigstellung und Schienung
– Offene Wunde mit Betaisadona-Lösung abtupfen, mit Betaisadona-Salbe bestreichen und mit sterilem Verband bedecken
– Bei Auftreten von Fieber oder einer von der Wunde zum Herzen verlaufenden Hautrötung Gabe von 2 x 1 Tablette Tarivid 200 pro Tag

Dringlichkeit: Wenn innerhalb von 24 Stunden nach Ruhigstellung und Gabe von Tarivid 200 keine wesentliche Besserung eintritt, ärztliche Versorgung anstreben.

66.6.   Wundfremdkörper

Behandlung: – Oberflächliche Fremdkörper werden mit der sterilen Split-
terfaßzange entfernt, Behandlung siehe Wundver-
sorgung Seite 55
– Tiefliegende Fremdkörper werden belassen, nur steril
verbunden. Der Verletzte sollte so rasch wie möglich
einer ärztlichen Versorgung zugeführt werden.

**67.   Zahnschmerzen, Zahnfleischentzündungen,
Kieferverletzungen**

**67.1.   Zahnschmerzen bei herausgebrochener Füllung oder
sichtbarem Loch im Zahn**

Behandlung: – Fehlen Schmerzen oder reagiert der Zahn nur unmit-
telbar auf kalt oder heiß, dann mit Fingerdruck Cavit W als
Verschluß einbringen
– Bei andauernden Schmerzen etwas Ledermix-Paste mit
einem Wattebausch in das Loch einfüllen und mit Cavit W
verschließen

67.2.   Zahnschmerzen ohne sichtbare Verletzung des Zahnes

Behandlung: – Bei leichteren Schmerzen Gabe von 3 x 2 Tabletten
Benuron 500 pro Tag
– Bei stärkeren Schmerzen Gabe von 30 Tropfen Valoron N
3- bis 4mal pro Tag
– Werden die Schmerzen durch Kaltwasser gelindert
(kaltes Wasser im Mund spülen oder Eisbeutel auflegen),
so sollte diese Behandlung fortgesetzt werden
– Werden die Schmerzen durch Wärme gelindert, bieten
sich heiße Umschläge auf die Wange an
– Bei Auftreten von Fieber, Kieferschwellung oder Kieferklemme Gabe von 2 x 2 Tabletten Ceporexin 500 pro Tag

Dringlichkeit: Bei Kieferschwellung oder Kieferklemme zahnärztliche Behandlung innerhalb von 24 bis 36 Stunden erforderlich.

67.3 Zahnfleischentzündung

Behandlung: — Spülung mehrmals täglich mit Kamillelösung oder -tee
— Einreiben der betroffenen Partien mit 50%igem Alkohol, falls vorhanden

67.4 Kieferverletzungen

Behandlung: — Bei Kieferbruch werden die Zahnreihen mit einem Verband über Kopf und Kinn gegeneinander ruhiggestellt.
— Bei Verletzungen mit offener Verbindung zwischen Mundhöhle und Wange wird die Wunde nur von außen steril verbunden und bis zur Versorgung ruhiggestellt.

Bordapotheke

1. Umfang der Bordapotheke

Ein einfacher Verbandskasten, wie ihn jeder Autofahrer mitnehmen muß, ist besser als keinerlei Hilfsmöglichkeiten für den Ernstfall. Die Bestückung ist unterschiedlich und reicht gerade für die Erste Hilfe.

Wer mehr Vorsorge treffen will – und dazu ist man als Schiffsführer verpflichtet –, muß eine **Bordapotheke** mitführen. Der Umfang dieser Apotheke wird sich nach der Dauer und dem Ziel der geplanten Reise, der Größe des Bootes, der Anzahl und dem Alter der Teilnehmer richten. Sollte ein Crewmitglied Arzt sein, wird die Apotheke andere Hilfsmittel und Medikamente (z. B. Infusionen, Medikamente zur intravenösen Injektion usw.) aufweisen als für den Laienhelfer. Ist der Bordapotheke keine Anleitung für den Gebrauch der Medikamente bei den verschiedenen Erkrankungen und Unfällen beigegeben, bleibt ihr Wert letztlich in Frage gestellt.

Dementsprechend ist die hier vorgestellte Bordapotheke auf die in diesem Leitfaden angegebenen Behandlungsvorschläge der Ersten und Zweiten Hilfe an Bord abgestimmt. Die im Text vorkommenden Hilfsmittel und Medikamente sind in einem Verzeichnis aufgelistet.

Für langdauernde Törns fernab der Küste wie Atlantiküberquerungen oder Weltumseglungen ist die Anschaffung von allerdings teuren und begrenzt lagerbaren Kunststoffgipsschienen zur Ruhigstellung von Knochenbrüchen zu erwägen. Solche Schienen werden unter anderem von Fa. Braun-Smith & Nephew GmbH, Spangenberg (Dynacast Extra Longuetten) vertrieben. Sie eignen sich zur Schienung von Brüchen im Bereich Unterarm, Handgelenk, Mittelhandknochen sowie Sprunggelenk und Mittelfußknochen. Wegen der Schwellneigung eines frischen Bruches raten wir vom Anlegen eines geschlossenen Gipsverbandes auf See dringend ab. Eine weitere Alternative zur Ruhigstellung von Knochenbrüchen stellen aufblasbare Schienen für Arm und Bein dar. Sie sind in jedem medizinischen Fachhandel erhältlich und sind auch nicht billig.

2. Austauschbarkeit von Medikamenten

Zur besseren Orientierung für den Laien wurden bei den im Text genannten Medikamenten nicht die chemischen, sondern die geschützten Firmenbezeichnungen angegeben. Selbstverständlich sind die genannten Medikamente gegen gleichwirkende anderer pharmazeutischer Firmen in vollem Umfang austauschbar. Für diesen und den Fall, daß eine Ergänzung im Ausland dringend notwendig ist, wurde in dem Verzeichnis ab Seite 140 der international gebrauchte wissenschaftlich-chemische Name in Klammern beigefügt. Wer Medikamente gegen gleichwertige anderer Hersteller ausgetauscht hat, sollte auf den Verpackungen den der Bordapotheke entsprechenden Namen und Nummer mit Bleistift vermerken, um den Laien nicht unnötig zu verwirren.

3. Instandhaltung und Verpackung der Bordapotheke

In der Bordapotheke ist peinliche Ordnung zu halten. Die Instrumente sind keineswegs dazu da, als Bordwerkzeug zu dienen. Im Ernstfall werden sie dann immer unbrauchbar sein oder nicht gefunden werden können.

Verbrauchte Medikamente, Verbandsmaterial usw. sollten bei nächster Gelegenheit sofort ersetzt werden. Die Erfahrung hat gezeigt, daß die Menge der angegebenen und mitgeführten Medikamente meist gerade für einen Erkrankungsfall eines Crewmitgliedes ausreicht. Dies ist insbesondere bei den teureren Medikamenten der Fall. Aus Kostengründen kann aber die Bordapotheke nur schwerlich größer gehalten werden. Vor Antritt eines größeren Törns sollte die mitgeführte Apotheke mit Hilfe des durchnumerierten Inhaltsverzeichnisses (siehe Kapitel Bordapotheke der Kreuzer-Abteilung des DSV Seite 142) auf ihre Vollständigkeit hin überprüft werden.

Die aufgebrauchten Packungen sollten nicht vernichtet, sondern mitsamt der Gebrauchsanweisung zum verschreibenden Arzt oder Apotheker mitgenommen werden.

Im Medikamentenverzeichnis wurden die Medikamente mit Haltbarkeitsdatum mit einem Sternchen (*) versehen. Alle anderen Packungen sind handschriftlich mit dem Kaufdatum zu versehen. Sie sind nach spätestens 5 Jahren, in warmen Gegenden mit Bordinnentemperaturen über 35°C nach

spätestens 2 Jahren, durch einen Apotheker auf Ausmusterung hin zu überprüfen. Ab 1994 sind alle in Deutschland verkauften Medikamente mit Haltbarkeitsdatum versehen.

Die Instrumente, das Verbandsmaterial und die Medikamente sollten in
einem nichtrostenden, wasserdichten, schlagfesten Kasten untergebracht
werden, der jederzeit griffbereit ist. Einer der wenigen Kästen, die sich
hierfür eignen, wird von der Firma Söhngen vertrieben (MT-CD-Kasten,
40 x 30 x 15 cm, ABS-Kunststoff-Kasten nach DIN, spritzwassergeschützt,
durch Klebeband leicht wasserdicht isolierbar). Falls dieser Koffer, abhängig
von der Anzahl der Crewmitglieder, der Größe des Schiffes und der Weite
des Törns, nicht ausreichen sollte, empfiehlt sich eine Aluminium-Kiste der
Firma ZARGES, deren Inhalt durch ein Klebeband leicht wasserdicht
geschützt werden kann.

Eine gute Alternative zu den im Buch empfohlenen Präparaten zur proviso-
rischen Zahnfüllung stellt das DENTA-NURSE-ZAHNHILFESET (ca.
DM 29,–) dar, welches seit einigen Jahren auf dem Markt erhältlich ist.

4. Rezeptpflichtige Medikamente

Viele der in diesem Ratgeber genannten Medikamente sind rezeptpflichtig.
Wie die Praxis der letzten Jahre gezeigt hat, ist die Zusammenstellung einer
Bordapotheke auf Schwierigkeiten gestoßen. Ärzte waren nicht bereit, ein
Rezept für Medikamente auszustellen, das den Vermerk „für den Gebrauch
in der Bordapotheke" trug, womit man die rezeptpflichtigen Medikamente
der Bordapotheke hätte bekommen können. Deshalb ist der Wunsch nach
nicht-rezeptpflichtigen Medikamenten verständlich. Eine Behandlung von
Krankheiten, wie sie bei den angegebenen Notfällen durchgeführt werden
soll, verlangt jedoch hochwirksame Medikamente. Da diese bei unsachge-
mäßer Anwendung viele Komplikationen heraufbeschwören können,
müssen sie unbedingt rezeptpflichtig sein. Mit nicht so wirksamen Medikamenten, die dann nicht rezeptpflichtig wären, können also die in diesem
Buch angegebenen Krankheiten nicht ausreichend behandelt werden.

In einem Schreiben der Bayerischen Landesapothekerkammer wird zur
Frage der Ausstellung von Rezepten für Medikamente zur Bevorratung in

der Bordapotheke auf folgendes hingewiesen: Ein Arzt könne Medikamente auch für **einzelne** Personen verschreiben, um einer eventuellen Notlage vorzubeugen. So bestehen wohl keine Einwendungen, daß ein Arzt mit Rücksicht auf die Anfälligkeit hinsichtlich bestimmter Erkrankungen und Verletzungen prophylaktisch, d. h. also vorbeugend, für Notfälle die Arznei verordnet. Sicherlich wird hier ein Clubarzt einspringen.

5. Berechnung der Medikamentendosis für Kinder

Die Dosisangaben in diesem Ratgeber beziehen sich in der Regel auf Erwachsene. Wenn nicht im Beipackzettel auf eine Kinderdosierung hingewiesen ist, kann die Kinderdosis im Notfall mit einer Näherungsformel errechnet werden.
Diese Formel lautet:
Kinderdosis = (4 mal Alter in Jahren + 20) % der Erwachsenendosis
Beispiel für ein 6jähriges Kind:
(4 mal 6 + 20) % = 44 %, also etwa die halbe Erwachsenendosis.
Die in der Bordapotheke empfohlenen Schmerzmittel und Antibiotika wurden in ihrem Wirkstoffgehalt so ausgewählt, daß sie auch Kindern und Kleinkindern gegeben werden können. Die Form der ausgewählten Medikamente ermöglicht es, sie leicht in der Mitte zu teilen und damit die für Kinder passende Dosierung zu erhalten.

6. Bordapotheke der Kreuzer-Abteilung des DSV

Die „Internationalen und nationalen Richtlinien für die Ausrüstung und Sicherheit seegehender Segelyachten" der Kreuzer-Abteilung des DSV beinhalten auch eine Empfehlung zur Ausrüstung einer Bordapotheke.
Der Gebrauch dieser Bordapotheke wird durch ein ihr beigelegtes Krankheitsverzeichnis ermöglicht. Die Krankheiten sind nach Gebieten geordnet und das entsprechende Medikament ist angegeben.

Das Verzeichnis selbst ist folgendermaßen aufgebaut:

Spalte 1
- Fortlaufende Numerierung der Medikamente, die jeweilige Nummer wird mit einem wasserfesten Filzstift auf das Medikament übertragen. Dadurch entfällt langes Suchen, der Überblick über die Vollständigkeit der Apotheke ist schnell möglich, die Handhabung durch den Laien für den Notfall erleichtert. Wird ein Medikamentenname gewechselt, so bleibt das Verzeichnis unverändert. Auf das neue Medikament (mit gleicher chemischer Zusammensetzung!) wird die alte Nummer geschrieben.

Spalte 2
- Vollständigkeitsüberprüfung der Bordapotheke
- Laufender Verbrauch
- Verfallsdatum

Spalte 3
- Medikamente nach Krankheitsgebiet geordnet

Spalte 4
- Menge der Medikamente für Fahrtbereich Küste

Spalte 5
- Menge der Medikamente für Fahrtbereich See

Spalte 6
- Präparat (Handelsname), Verbandsmittel, Instrument

Spalte 7
- Entsprechende Nummer des Medikamentes im deutschen Verzeichnis der Schiffsapotheke für die Handelsschiffahrt

Spalte 8
- Entsprechende Nummer des Medikamentes im internationalen Signalbuch

Die Medikamente, Verbandsmittel und Instrumente **dieses** Buches wurden für die jeweiligen Krankheitsgebiete in Spalte 6 eingetragen. Sie entsprechen damit auch Spalte 7 und 8. Damit kann das Bordapothekensystem nach den „Internationalen und nationalen Richtlinien für die Ausrüstung und Sicherheit seegehender Segelyachten" der Kreuzer-Abteilung des DSV auch für den Gebrauch dieses Buches verwendet werden und umgekehrt.

Allerdings sind unserer Meinung nach veraltete oder in ihrer Wirkung umstrittene Medikamente gestrichen worden, ebenso Präparate und Instrumente für Behandlungsmethoden, die für Laien zu gefährlich sind. Andererseits verlangt die Behandlung nach diesem Buch zusätzliche Präparate. Alle Medikamente sind mit dem wissenschaftlichen Namen und mit Angaben über ein Verfallsdatum im folgenden Medikamentenverzeichnis aufgelistet.

7. Medikamentenverzeichnis

Mit Sternchen * sind jene Medikamente versehen, die ein Haltbarkeitsdatum aufweisen. In Klammern steht jeweils der wissenschaftlich-chemische Name des Medikaments.

Die Menge der Medikamente, die Hilfsmittel und die benötigten Instrumente für die Versorgung nach den Richtlinien dieses Buches und den Empfehlungen zur Ausrüstung einer Bordapotheke nach den Sicherheitsrichtlinien der Kreuzer-Abteilung des DSV entnehme man – je nach Fahrtbereich – dem „Inhaltsverzeichnis der Bordapotheke" (siehe Kapitel 8).

Ampho-Moronal Salbe * 10 g, 1 Tube (Amphotericin B)

Benuron Tabletten 500 mg 20 St. (Paracetamol 500 mg)
Berotec Dosier-Aerosol 15 ml (Fenoterol-hydrobromid)
Betaisadona-Lösung 30 ml (Mundinon = Polyvinyl-Pyrrolidon-Jod-Komplex)
Betaisadona-Salbe 20 g (Mundinon)
Betnesol-WL-Tabletten * (Betamethason 0,5 mg)
Bisolvon 8 mg, Tabletten (Bromlexin-HCL 8 mg)
Buscopan Plus Filmtabletten * (N-Butylscopolaminbromid 10 mg + Paracetamol 500 mg)

Cavit W, 4 Hülsen zu 7 g = 1 Packung
Ceporexin 500 Filmtabletten * 24 St. (Cephalexin 526 mg)
Cinnarizin Forte Tabletten, 1 x 50 St. (Cinnarizin 75 mg)
Codipront-Kapseln * (Codein 30 mg + Phenyltoloxamin)

Dulcolax-Dragees (Bisacodyl 5 mg)

Fortecortin-Mono-Ampulle * 40 mg/5 ml (Dexamethason 40 mg)
Flammazine Creme 50 g * (Sulfadiazin-Silber 10 mg)

Gentamycin-POS-Augensalbe (Gentamycinsulfat 0,5 %)
Gentamycin-POS-Augentropfen (Gentamycinsulfat 0,2 %)

Kohle-Compretten (Carbo medic. 0,25 g)

Labiosan-Salbe 10 g (Sulfur + Zinkoxid + Phenol liq.)
Lasonil Salbe, 40 g, 1 Tube (Heparinoid + Hyaluronidase)
Ledermix-Paste, 5 g, 1 Tube
Liquisorb S *, 10 Beutel zu 25 g

Menthol comp. c. Psicaino Compretten, 1 x 25 St.
Metifex-Dragees 20 St. (Ethacridin 200 mg)

Nitrolingual-Zerbeiß-Kapseln, 30 (Nitroglycerin 0,8 mg)

Otriven-Nasentropfen für Erwachsene, 20 g – auch für Augen (Xylometazolin 0,1 %)

Paractol Kautabletten, 20 St. (Simethicon + Aluminiumhydroxidgel)
Peremesin Zäpfchen * (Meclizin HCL 50 mg)
Primosiston Tabletten, 1 x 30 St. (2 mg Norethisteron + 0,01 mg Ethinylestradiol)

Scopoderm TTS-Pflaster (Scopolamin 1,5 mg)
Solugastril Tabletten, 50 St. (Aluminiumhydroxid 200 mg + Calciumcarbonat 300 mg)

Tarivid 200 Filmtabletten * 10 St. (Ofloxacin 200 mg)
Tavegil Tabletten * (Clemastin 1 mg)
Topostasin-Pulver (Thrombin 1500 NIH-E)
Topsym-F-Salbe * 30,0 (Fluocinonid 0,05 %)
Tramal 100-Ampullen * 5 St. (Tramadol-HCl 100 mg)

Valium 10 *, 2 ml Fertigspritze (Diazepam 10 mg)
Valium 5, Tabletten (Diazepam)

Valoron-N-Tropfen (Tilidin + Naloxon)

Volon-A-Tinktur 15 ml * (Triamcinolon 2 mg + Salicylsäure 20 mg + Benzalkoniumchlorid 0,5 mg)

Xylocain-rectal-Salbe 20 g (Lidocain + Hydrocortison + Aluminium-diacetat + Zinkoxid)

Zovirax-Creme 2 g * (Aciclovir 50 mg)

8. Inhaltsverzeichnis der Bordapotheke

(nach den Empfehlungen der Kreuzer-Abteilung des DSV modifiziert für diesen Ratgeber „Medizin an Bord").

Nr.	Medikamente nach Krankheitsgebieten	Menge nach Fahrtbereich 2	Menge nach Fahrtbereich 1	Bemerkungen	Nummern nach Dtsch.	Nummern nach Intern.
	Erkrankungen der Atmungsorgane					
1	lösende Hustenmittel	1 Fl.	2 Fl.	Bisolvon	1	25
2	hustendämpfendes Mittel	10 Tbl.	20 Tbl.	Codipront Kps.	2	24
3	Asthmamittel	1 St.	2 St.	Berotec Spray	4	23
3.1	Asthmaanfall	2 x 1 Amp.	2 x 2 Amp.	Fortecortin	65	
	Herz-Kreislaufmittel					
5	für Herzanfälle (Angina pectoris)	30 St.	30 St.	Nitrolingual	7	27
7	Magenmittel	20 St.	20 St.	Paractol Tbl.		
	Darmmittel					
8	Durchfall leicht	100 St.	100 St.	Kohletabletten	14	26
9	Durchfall schwer	20 St.	40 St.	Metifex	15	29
10	Verstopfung	30 St.	30 St.	Dulcolax	22	
	Blasen- und Nierenmittel					
11.1	bei Entzündungen	10 Tbl.	20 Tbl.	Tarivid 200	31	
	Schmerzmittel					
12	leichte Schmerzen	20 Tbl.	60 Tbl.	Benuron 500		
13	krampfartige Schmerzen	20 Tbl.	40 St.	Buscopan plus		
14	starke Schmerzen	1 x 10 g	2 x 10 g	Valoron N Tr.		
15	stärkste Schmerzen	1 x 5 Amp.	2 x 5 Amp.	Tramal 100		
	Schlafmittel					
16	Beruhigung	1 x 20 Tbl.	2 x 20 Tbl.	Valium 5 mg	33	44
	Allergiemittel					
17	leichte Formen (Ausschlag)	50 St.	50 St.	Tavegil	39	13
18	schwere Formen (Asthma)	30 St.	30 St.	Betnesol WL	40	
		2 x 1 Amp.	2 x 2 Amp.	Fortecortin 40	65	
	Seekrankheit					
		1 x 50 St.	2 x 50 St.	Cinnarizin	41	38
		10 Zäpf.	20 Zäpf.	Peremesin	42	
		2 Pack.	4 Pack.	Scopoderm TTS-Pflaster		

Nr.	Medikamente nach Krankheitsgebieten	Menge nach Fahrtbereich 2	Fahrtbereich 1	Bemerkungen	Nummern nach Dtsch.	Intern.
	Bakterielle Infektionen					
20.1	Cephalosporin	1 x 12 Tbl.	2 x 12 Tbl.	Ceporexin 500	87	05
21.1	Gyrasehemmer	1 x 10 Tbl.	2 x 10 Tbl.	Tarivid		
25	Regelblutungen	30 St.	30 St.	Primosiston		
26	Hauterkrankungen (Sonnenbrand, Juckreiz, Insektenstich)	1 Tube	2 Tuben	Topsym-F-Salbe		
27	Verbrennungen	1 Tube 50 g	2 Tub. 50 g	Flammazine Metallinetuch	135	
28	Hautpilz	1 Tube	1 Tube	Ampho-Moronal	75	
29	Hämorrhoidenmittel	1 Tube	1 Tube	Xylocainsalbe	105	11
29.1	Blutergüsse, Prellungen	1 Tube	1 Tube	Lasonil Salbe		
	Augenmittel					
30	Bindehautentzündung	1 Flasche	2 Flaschen	Otriven	101	07
31.1	„Gerstenkörner"	1 Tube	1 Tube	Gentamycin-Augensalbe		
32	Ohrenschmerzen	1 Flasche	1 Flasche	Valoron (Nr. 14)		
34	Halsschmerzen	25 St.	50 St.	Menthol comp. c. Psicaino	100	
35	Nasentropfen	1 Flasche	1 Flasche	Otriven (Nr. 30)		
36.1	Grippetabletten	1 x 20 Tbl.	2 x 20 Tbl.	Benuron 500		
	Pflegemittel-Bezeichnung					
37	Verbandmull 10 x 100 cm	1 Pckg.	2 Pckg.		122	
38	sterile Mullkompressen 10 x 10 cm	5 x 2 St.	10 x 2 St.	123		
39	Verbandpäckchen klein	5 St.	5 St.			
40	Verbandpäckchen mittel	2 St	5 St.		136	
41	Verbandpäckchen groß	2 St.	5 St.		137	

Nr.	Medikamente nach Krankheitsgebieten	Menge nach Fahrtbereich 2	Fahrtbereich 1	Bemerkungen	Nummern nach Dtsch.	Intern.
42	Metallineverbandtuch 60 x 80 cm	1 St.	2 St.	Verbrennungen	135	
43	gr. Brandwundenverbandpckg. 35 x 45 cm	1 St.	5 St.			
44.1	elastische Pflasterbinde 10 x 2,5 cm	1 St.	2 St.			
46	Klammerpflaster	1 Pckg.	2 Pckg.	z. B. Elastoplast	149	
47	Pflasterschnellverband elastisch 6 x 100 cm	1 Pckg.	2 Pckg.	z. B. Porofix z. B. Poroplast	147	
48	Augenklappe	1 St.	1 St.		151	
49	Lederfingerlinge	1 St.	2 St.		150	
50	Dreiecktücher 96 x 96 x 136 cm	1 Satz	3 St.		155	
51	Schienenmaterial		1 Satz	aufblasbare Schiene		
52	Betaisadona-Lösung	30 ml	30 ml	Desinfektion		
53	Einmalkatheter nach Tiemann	3 St.	5 St.			
54	Instillagel 1 1 ml	1 Tube	3 Tuben	Gleitmittel		
55	Einmalspritzen 2 ccm	10 St.	10 St.	186		
57	Einmalkanülen	10 St.	20 St.			
58	Leucoplast 250 x 2,5 cm	2 Rollen	5 Rollen		190	
58.1	Rettungsdecke aus Aluminiumfolie	1 St.	2 St.		145	
58.2	Tupfer steril pflaumengroß	20 St.	20 St.			
58.3	Marbadal-Tamponadestreifen 2 cm x 5 m	1 Dose	1 Dose	Nasenbluten		
	Instrumente					
60	Universalschere 14,5 cm, kniegebogen	1 St.	1 St.			
61	Anatomische Pinzette	1 St.	1 St.	197		
62	Splitterpinzette 11 cm	1 St.	1 St.	201		
66	Fieberthermometer	1 St.	1 St.	192		
66.1	Frühgeborenenthermometer	1 St.	1 St.	rekt. Messung b. Unterkühlung		
67	Sicherheitsnadeln	1 Pckg.	2 Pckg.			
69	Einmalhandschuhe steril	10 St.	10 St.			

145

Sachverzeichnis